本书系国家社科基金（教育学）青年项目“知识教育的伦理风险研究”
（项目批准号：CAA190241）的成果

知识教育的伦理守望

ZHISHI JIAOYU DE LUNLI SHOUWANG

柴 楠 等著

安徽师范大学出版社
ANHUI NORMAL UNIVERSITY PRESS
·芜湖·

图书在版编目(CIP)数据

知识教育的伦理守望 / 柴楠等著 . -- 芜湖 : 安徽师范大学出版社, 2025. 8. -- ISBN 978-7-5676-7345-8

Ⅰ. G421;B82-059

中国国家版本馆CIP数据核字第2025SV8686号

知识教育的伦理守望 柴 楠 等著

责任编辑: 潘 安 责任校对: 吴山丹

装帧设计: 张 玲 汤彬彬 责任印制: 桑国磊

出版发行: 安徽师范大学出版社

芜湖市北京中路2号安徽师范大学赭山校区

网 址: https://press.ahnu.edu.cn

发 行 部: 0553-3883578 5910327 5910310(传真)

印 刷: 苏州市古得堡数码印刷有限公司

版 次: 2025年8月第1版

印 次: 2025年8月第1次印刷

规 格: 700 mm × 1000 mm 1/16

印 张: 13.75

字 数: 200千字

书 号: 978-7-5676-7345-8

定 价: 52.00元

绪　论　知识教育的时代境况

知识能够导向智慧，提升精神。但如果知识教育以错误的目的并以错误的方式实施，那么它不仅不能促进学生认识能力的提升和理智精神的培养，反而会成为精神成长的阻碍。笔者认为，如果教育一直在这条以知识为内容、以知识为目的的教育道路上前行，“知识”在这里所具有的只是实用价值。

教育的知识化首先表现为教育内容的知识化。这种教育的目的不是精神的成长，而是知识的积累，在于更多、更快、更好地掌握知识。为了让学生能够在相同的时间内达到快速、有效、牢固地获取知识，学校一方面通过强化学生之间的竞争意识而激发个体主动学习的内在动力，另一方面通过充分利用一切时间使已经获得的知识牢固化。教育内容的知识化塑造了训练和竞争的教育文化，基本遵循着实用主义的逻辑。

实用主义教育的目的和学生接受教育的目的在家长和学校之间常常达成共识，那便是走向成功。十几年前，基础教育通过升学率来体现自己的成就，高等院校通过就业率来体现自己的成功，家长则通过子女进入好的学校、拥有好的工作来证明自己的教育方式是正确的。为了能够更好地实现这种教育目的，有的家长开始让子女在学校教育之外培养对钢琴、古筝、绘画、围棋、诗词等的兴趣，以提升子女的综合素质，即便如此，其目的有时候也离不开“实用”：这些才能在将来的某时某刻能够帮助子女获得更好的人生际遇，从而走向更大的成功。这种“实用”的教育价值观深刻地塑造着当时学校教育的价值生态，成为教育异化、学生异化的重要力量。

教育的知识化、知识的实用化往往使当时的学校忽视了教育对灵魂的关涉。应试教育曾经使校长、教师、家长和学生处于普遍的恐惧和焦虑中。考试不仅改变了学生的学习方式、学习目的，还深刻地影响着当时学校的教育价值取向。教育的知识化、知识的实用化、实用目的的功利化，严重影响着当时教育的方式和方向。

尽管如此，笔者并不否认在特殊历史背景下知识教育发挥出来的特定精神价值，但必须意识到，知识教育的精神价值的实现，应是全面的、整体的，不仅要包括科学的知识，还要包括伦理的知识和艺术的知识，同时需要“理智品质”之外的“实践品质”。在教育中，我们需要情感、需要愿望、需要选择、需要行动。我们必须在教育中统摄知识的各种形式，统摄意识与意志，才能真正帮助学生形成健全的精神人格。这在现代教育的有效改革中已达成共识。

笔者认为，知识教育的目的不仅仅是认识，也不仅仅是通过知识而获得实用的价值，它真正的目的在于完成对学生的灵魂塑造和精神洗礼，让学生能够“智慧地言说和生活”。但要实现知识教育的精神价值，就必须对知识给予精神性的理解：知识不仅仅是关于客观的认识，它还是关于世界的理念，因而是一种真理性的认识。知识不仅作为认识的真理而存在，它还作为价值的真理而关涉伦理，作为审美的真理而通向艺术，并在认识、伦理与艺术中开启个体自我的精神世界，实现个体的意志自由和精神品格。这在现代教育的积极改革中需要进一步落实。

基于此，笔者以知识教育为研究对象，以伦理反思为研究视角，探究知识的伦理价值，分析知识教育中存在的伦理问题等。具体而言，主要从伦理学的视角对知识教育的问题进行分析并探索伦理回归之路：

第一，探讨知识教育的内在逻辑，分析其伦理缺陷。知识教育的展开取决于知识的本质以及知识的价值认知，同时知识教育有着自身独特的内在逻辑，这就注定了知识教育只能对伦理问题给予有限关注甚至是不予关注。

第二，揭示学校教育的知识化倾向，以及知识教育的扭曲化程度。在现代学校的教育中，知识教育是如何完成对古代教育的取代，体现在哪些方面，是什么样的力量导致了教育被扭曲。

第三，揭示知识教育带来的伦理问题，分析其可能造成的伦理后果，特别是进行知识教育功利化的调查与研究，对“优绩主义”予以批判。

第四，思考化解、规避伦理困境的可能方案，实现知识教育的伦理回归。

在信息闭塞、知识缺乏的年代，知识教育可以大显身手；但在知识爆炸、资源丰富的当代，知识教育的局限性日益凸显，对知识教育的伦理守望就成为重要的抓手。笔者有感于此，从教育哲学角度予以思辨，申请并获批国家社科基金（教育学）青年项目“知识教育的伦理风险研究”（项目批准号：CAA190241），将成果整理成书，希望能够帮助读者深入理解党和政府时时强调的“美好生活”与“全面发展”的内涵及其关系，帮助读者深入理解“全面推进素质教育”这一科学的、先进的伟大举措，从而解放思想、放下包袱，全身心投入如火如荼的教育改革。

目 录

第一章　知识教育的伦理品格

本章导读

知识通过意识、观念等形成自我的精神结构，同时因为其普遍性和公度性而成为沟通自我与他人关系的桥梁。知识之于个体成长的重要价值使其构成了教育的核心内容。教育的目的是要让知识内化，形成个体对这个世界的认识，并开蒙心智、启迪智慧、涵养精神。

在基础教育阶段，知识教育的目的在于个体作为常人在这个世界生存和生活所必须具备的常识和精神素养，它不指向任何谋生或谋功的技能，而是要形成个体对世界、社会以及生活中熟悉的和陌生的他人的价值认知，形成对自我人格上的德性涵养与自我人生的价值选择和生活态度。若将教育简化为知识教育，作为用途的知识教育简单而有效，作为精神的知识教育难以实施也难以被把握和被衡量。知识的精神维度遭到轻视，而知识的功用价值得到重视，知识不再是作为启迪灵魂、增加智慧的根据，反而作为规训技术和权力体系而构成对人和人类社会的或隐或显的强制力量。这样的后果就是："知识就是力量"演变为"知识就是财富"，知识的价值不再是为人的幸福奠基，不再是为人的信仰寻找根据，而是用来交换的筹码、支付的货币，知识成为投资的知识、支付的知识。

然而，人的本体就是知识的积累，正是各种知识构成了人的存在以及存在方式，构成了人获得关于世界的意义的理解基础。真正的知识总是间接性的知识，这就意味着知识具有现代性的功利价值、实用价值，同时具有精神价值。只有如此，知识教育才能重返知识的精神品性。

第一节　知识作为得到辩护的真信念

知识教育以知识为内容，以精神为目的，但知识何以与精神发生联系，知识教育又如何能够实现精神教化的目的？对这些问题的回答取决于我们对“什么是知识”的理解。对知识本质的探讨是知识论研究的首要问题，在整个知识论体系中发挥着奠基性的作用。柏拉图通过信念来思考知识，认为知识就是得到确证的真信念，以信念来理解知识。

一、美诺悖论与回忆说

在《泰阿泰德篇》中，柏拉图给出了知识的三元定义，即信念、真和证实，被证实的真信念就是知识。三元定义的提出意味着：①知识一定是信念；②信念成为获得知识的先决条件。但是，知识与信念的这种内在关联究竟是如何发生的？在《美诺篇》中，当苏格拉底承认自己不知道什么是美德，并要与美诺一起探讨时，美诺却抛出了一个知识论上的两难问题：一个人既不能试着去发现他知道的东西，也不能试着去发现他不知道的东西。他不会去寻找他知道的东西，因为他既然知道，就没有必要再去探索；他也不会去寻找他不知道的东西，因为在这种情况下，他甚至不知道自己该寻找什么①。

美诺悖论，简单地说，就是一个人要么已经知道某物而无需探究，要么不知道某物而无法探究。因为即便有一天偶然找到，他也不知道这就是他一直寻找的东西。于是，“知识”与“无知”便成为非此即彼的东西，知识的学习和探究就变成要么不可能要么不必要。但这明显是违背我们关于知识的日常感受的，为此，苏格拉底通过对童奴的一系列提问而提出了著名的“回忆说”，即人在认识之前，并非必然地处于完全无知的状态，而是处于绝对的无知和知识之间的中间状态，因此可以通过回忆而将灵魂中固有的东西恢复。这个中间状态便是“信念”②状态，也就是说，人在认知之前已经拥有了关于事物的信念，获取知识的过程就是将这些信念（既可能是正确的信念，也可能是错误的信念）向知识转化的过程。尽管信念并不必然是知识，但知识的探究则必须从信念开始。例如，两个学生同时拿到一本历史方面的书，但一位学生将其当作小说，另一位学生将其当作历史事实，尽管两个人获得了相同事件的相同观念，但包含着不同的态度：第一位同学虽然了解，但并不相信，因此也就不可能获得知识；第二位同学在阅读过程中获得了关于历史事件的信念，从而为获取知识提供了前提条件。要使这一事实成为我的知识的第一个条件就是作为认识主体的我要相信这个事实，要使它成为我的信念③。

那么，什么样的信念才能作为知识？儿童关于“边长扩至两倍面积也扩至两倍”的信念被自己持续的“回忆”证明为假的信念，假信念无论附

---

① 柏拉图.柏拉图全集：第1卷[M].王晓朝，译，北京：人民出版社，2002：506.

② 此处“信念”的希腊语是“doxa”，柏拉图在《美诺篇》《泰阿泰德篇》以及《理想国》中均有关于“信念”的讨论。但中译本在不同的地方并不一致。过去“doxa”常被译为“意见”，而英译本通常把“doxa”译为“belief”。为了与英文译法对应，近年来诸多译本开始将“doxa”译为“信念”，但必须注意，此处的“信念”与汉语词“信念”并不完全相同，这里的“信念”是在知识论的语境下的概念，因此是属于认识的范畴，也正是这个原因，有些人将其译为“意见”，但“意见”很难表达出“doxa”中所具有的“相信”和“确信”的含义。这里的“信念”必须去除汉语“信念”中意志和情感的成分，即这里的信念是关于意识的，而不是关于意志的，意识的目的是真理，而意志的目的是自由。

③ 胡军.什么是知识[J].求是学刊，1999(3)：6.

加什么样的条件都不可能成为知识。获得知识并不在于消除信念，而在于“（真）信念”得到进一步“唤醒”从而变得更为“清晰”[①]，只有真信念才能通向知识，因为信念之所以与知识不同，在于知识包含一种不可错的思想状态，具有某种绝对的确定性，而信念则是一种不确定性，属于“意见”的范畴，仅仅包含高度的可能性[②]。真信念意味着表达信念内容的命题的真实性，但在有时候人们会坚信某些并不存在的事实。因此，单独的真信念依然不能成为知识的充要条件，真信念需要满足第三个条件才能成为知识，即得到辩护和确证的真信念，换言之，只有有理由的真信念才是知识。

然而，这种关于“知识是被证实的真信念”的观点在近代屡屡遭到挑战，如盖特尔、罗素等，他们试图推翻这一知识的传统定义。除了共识性的不涉真假的操作性知识外，罗素提出了作为亲知的直接性知识，弗兰基西提出了缄默知识。毫无疑问，这些挑战对柏拉图关于知识的经典定义而言是有力的，因为柏拉图的知识论是其理念论的一个组成部分，而这就意谓存在着一种确定不变的知识的对象，后者不仅是精神性的，而且也独立于这个现实的世界而存在，但却是这个世界的样板[③]。然而，这种质疑对教育知识而言并无太大的影响，被用来对学生进行教育的知识必然是经过证实的真信念。教育知识首先是一种描述性知识，即融于教材和课程之中并通过课堂传授的知识，通常是一种信念知识。无论是操作性知识、亲知知识还是缄默知识，都是行动中的知识和关于行动的非信念知识，教育尽管也包括那种关于生活技能的通用技术教育和“know-how”的操作性知识，但这并非教育知识的主流。

---

① 詹文杰.如何理解柏拉图的“知识”和“信念”?[J].世界哲学,2014(1):25.

② 陈嘉明.信念、知识与行为[J].哲学动态,2007(10):53.

③ 韩水法.什么是政治哲学[J].中共中央党校学报,2009(1):29.

二、信念以真理为目标

教育知识作为一种信念知识意味着它必然导向真理①，而且相对于其他知识它具有对“真”的最严格的要求。尽管被用来作为教育内容的知识并不必然是真理，但却是“当下”确定的知识。在哥白尼之前的“地心说”始终是作为知识被传授，尽管它被哥白尼证明是错误的，但在此之前它完全有资格作为知识而存在于教育当中，它依然是一种真理性知识，或具有真理特征的知识。知识虽然不一定是真理，但知识总是趋向真理，或者说知识就是在“当下”被确定的真理②。真理是一种客观的存在，而知识是人们对客观事实的真理性发现，无论人们是否发现，真理早已存在，人只能发现真理，“光速恒定”作为真理并不因为爱因斯坦而产生，爱因斯坦只是揭示了它、发现了它。尽管由于人们认识的局限而存在谬误的可能，但作为被证实的真信念，我们完全有理由将其作为知识而存在于教育活动当中，这也是为什么“信念以真理为目标”③被普遍认同和支持的理由。

信念以真理为目标、知识必然趋向真理，这是知识的本性。但作为教育内容的知识则是经过更严格检验的知识，那种存在歧义、争论的知识和尚未被确证的知识，适合于学者的研究，却不适合于对学生的教育，除非我们向学生明确这种争论存在的事实，或者是出于锻炼学生分析和判断能力的目的。正是教育知识对“真”的更严格要求使教育知识具有了真理所

---

① 被罗素等用来否定信念知识的个体性知识因其个体性而不能被作为教育的知识，尽管教育可以鼓励学生通过亲身体验来获取这种直接性知识；操作性知识尽管必要，如体育教学，甚至在数学等其他学科中关于程序和操作步骤的知识，但这种知识往往是不具有教育性的知识。

② 在古希腊，“知识”与“真理”是紧密相关的，汉语“知识”的希腊语对应的词义为“精确或完美的真理”。

③ “信念以真理为目标”（Belief aims at the truth）最早由威廉姆斯于1973年在《自我的问题》（Problem of the self）中提出，这一观念在之后得到了广泛的认同和支持，各种类似的观点相继提出，如“信念追踪真理”等。

固有的规范性特征。追求真理，既是知识的目标，也是学习的目的，同时是思想的义务。真理之所以具有这种“应该”的价值规范性，在于真理的独特品质，真理是真的或正确的信念，它向人们展示着什么是“对的”、什么是“好的”从而什么是“应该”的同时，却不会因此而向人们生活的现实妥协。一个东西是不是真理，不依赖于人们是否喜欢它、如何判断它。真理是一种独立于人类好恶的价值，真理单凭自身的特点就具有吸引和引导人们去信服的力量[①]。也正因此，知识的学习不应该有任何外在的和更远的目标，真理之所以被人们渴望、欣赏和获取，往往是真理自身的缘故。

知识教育在语义上总是与真理相关联，就像医生总是与病人关联一样，但真理并不是实现外在目的的工具，就像病人并不是训练医生医疗技能的工具，尽管对病人的治疗确实能够帮助医生积累经验、提高医疗技能，医疗病人本身就是医生的目的和使命。实用价值只是知识和真理的衍生价值，我们在乎真理，是因为真理自身，而不仅仅是看上它们可能带来的好处。换句话说，真理规范要求我们为真理本身的缘故而追求真理，即使这么做不产生其他收益[②]。然而，当将学习知识的目的限定在知识可能带来的实用价值时，学习的目的就不再是追求真理，而是通过追求真理而实现某种成功，或者是学业上的，或者是事业上的，或者是财富上的，或者是名誉上的，而知识和真理也就仅仅具有了工具的价值。如此一来，知识学习不仅不能为其带来智慧的启迪，反而会成为自我发展的束缚力量。柏拉图在《泰阿泰德篇》说，智慧之人反对那个老是忙忙碌碌的世俗之人。对于那个大忙人来说，生命就是一场追求成功的赛跑。他会因此变得非常敏感和胆小，他的灵魂是渺小、邪恶的。对于这个忙碌之人而言，知识和真理只是实现某种特定目的的工具。

从“信念、知识、真理”出发去理解教育知识，很容易将教育知识当

① 程炼.真理作为信念规范[J].世界哲学,2014(2):40.

② 程炼.真理作为信念规范[J].世界哲学,2014(2):42.

作科学知识，将知识教育对真理的追求当作对科学真理的追求。但经验告诉我们，知识教育不仅要传授学生数学、物理、生物等自然科学的知识，还要教会学生关于社会、道德和艺术的知识。知识教育所追求的真理，不仅要包括认识的真理，还要包括伦理的真理和艺术的真理。伦理的真理是人们关于道德生活秩序的真理性认识；艺术真理则指向人们的审美领域，它表达的是理念与艺术表象的符合。也正是知识教育对认识、伦理和艺术的共同关注，才使知识教育能够关涉个体的内在心灵，成为引导学生灵魂完善和精神成长的高尚事业。

第二节　知识关涉灵魂的途径

知识教育以追求真理为目的，而真理所表达的是事物之间的必然性关系。但什么是必然性？一般来说，必然性是一个抽象的范畴，它指的是两方面之间的这样一种内在本质的关系：只要这一方面存在，而且因为这一方面存在，另一方面也就因而存在[①]。黑格尔的“必然性”定义显然揭示了必然性的关键特征，但过于宽泛的外延使其内涵显得并不明晰，世界的复杂性使我们总是面对着不同的必然性，苹果落地固然是必然性，但违反法律就要受到惩罚同样是一种必然性，而且这是两种明显异质的必然性。在《工具论》中，亚里士多德指出，必然性有两种：一种出于事物的自然或自然的倾向，另一种是与事物自然倾向相反的强制力量。因而，一块石头向上或向下运动都是出于必然，但不是出于同一种必然[②]。于是必然性也至少被区分为自然的必然性和人为的必然性：前者源于一种自然的力量，更多的是一种认识的必然性；后者是为了特定的目的，如人类生活的伦理秩序。无论是自然的必然性，还是伦理的人为的必然性均源于一种外在的强制力量。然而，在这种外在必然性之外存在着一种源自事物内在力量的必然性形式，如历史必然性，历史沿着一定的轨迹向前滚动，但这种

① 黑格尔.美学：第一卷[M].朱光潜，译.北京：商务印书馆，1979：74.

② 亚里士多德.工具论[M].北京：中国人民大学出版社，2003：328.

力量并不是来自历史之外的力量，而是“历史”自身的本性。如此，便至少存在三种不同的必然性：自然的必然性、人为的必然性和内在的必然性。在知识教育中，自然的必然性指向科学的真理，人为的必然性指向伦理的真理，而内在的必然性指向艺术的真理。科学的真理、伦理的真理和艺术的真理不仅通过必然性的三种形式而成为教育知识存在的三种类型，同时也是知识推动个体精神成长的三个阶段[①]。

一、科学知识与个体的意识自由

人在刚出生时意识处于完全空洞的状态。全部真实的内容都在它之外独立存在的对象之中，它的使命就是要得到关于对象的知识[②]。真理是对必然性的揭示，而这种必然性在科学中有最清晰、最直观的显示。科学的目的就是要发现这种必然性、揭示这种必然性，而科学知识教育的目的就是要让学生完成对外在客观世界的必然性把握。科学教育是通过知识并为了知识的教育，它的目的在于帮助学生形成确定性的知识。科学知识的对象是存在于自我之外的独立的对象，这些对象以现象的形式向我们呈现，通过这些现象我们在经验中形成关于对象的知识的主观的确信。不过现象并不总是直观地呈现真理，或者说真理并不总是主动地显现。相反在有些时候，现象经常为真理蒙上面纱而误导了认识。于是，对关于对象的知识的错误确信便会经常性地在学生身上发生，主观的确信与对象的本质之间发生了错位。因而教育显得必要，科学知识教育就是要把这种主观的关于

① “科学”的严格定义往往只限于自然科学，但此处并不限于自然科学的相关知识，它表达的存在与个体之外的客观知识，是超越时间和空间或地域的普遍性知识，因此既包括自然知识，又包括普遍性的社会知识，但无法涵盖具有地域特性的伦理知识和艺术知识。科学、伦理和艺术的知识划分既是类别上的划分，分别指向真、善、美的人类价值；又是阶段上的划分，科学知识形成人们主观的精神，伦理知识通往客观的人类精神，艺术则指向超越的人类精神。

② 黑格尔．哲学科学百科全书Ⅲ：精神哲学［M］．杨祖陶，译．北京：人民出版社，2015：译者导言26.

对象知识的信念转化为真的信念，使它的这个现象与本质统一，把它自身的确定性提高成为真理[①]。其方法便是把经验性的“猜想”证明或证伪，就是要揭开面纱让真理显现，从而使对象获得绝对必然性的证明，这便是知识获得的过程。

知识教育之所以得到重视，最直接的原因在于知识有用。知识自然有实用的价值，甚至实用价值往往成为学习知识的第一目的。科学以真理为目标，科学教育以获取真理性的知识为目的，但科学教育并不仅仅为了真理。纯粹的实用导向往往只关注学生是否完成了对知识的最终掌握，看重最终的结果。不过，这种状况正在发生改变，科学教育正在从知识和技能的目标向方法和过程的目标转变。科学素养概念的提出使人们对科学教育的认识愈益深刻，它所追求的不再是知识的实用效果，而是学生的理性思维、批判质疑、勇于探究[②]。但这种转变还不彻底，人们对知识教育的精神价值还是不够重视。

知识教育如何能够具有精神价值?

学校教育的真正目的在于培养学生形成健全的精神人格，促进人的精神成长。生活的常识往往依靠生活自身便能得到教导，而精神的培育需要家庭和学校的专门努力。知识教育便是学校促成学生精神健全的重要环节，而科学教育构成了知识教育的第一环节。科学教育是要形成人们对外在客观存在的真理性把握，使无知的空洞意识变得有知，并意识到自己有知。科学知识获得过程只是让“我”完成了对世界的真理性把握，但如果知识教育只是为了这种把握并停留于这种把握，那么它就不会有太多的精神价值，它至多会让知识成为有效的工具，对自我而言也无非获得了一个锋利的器具而已。只有当自我“意识到自己有知”，从而不再单纯地以异于自我的外物为对象，而是以自我意识本身为对象，知识教育的精神价值才得以显现。科学教育最终要追求的也不再是关于外在客观存在的知识，

① 黑格尔.哲学科学百科全书Ⅲ:精神哲学[M].杨祖陶,译.北京:人民出版社,2015:184.

② 林崇德.中国学生核心素养研究[J].心理与行为研究,2017(2):151.

而是关于自我本身的知识。而这种关于自我本身的知识的形成源于对科学教育所获得真理性知识的观念反思，通过对世界的认识而改变对自身的认识。在原初的阶段自我与世界浑然一体，进而通过经验意识到外在世界对于自我的异在性，自我与外在世界彼此分离对立，一方面外在世界独立存在，另一方面自我又获得了关于外在世界的意识。然而通过专门的知识教育这种自我与外物的矛盾和对立逐步被化解，自我把握了外物存在的必然性和真理性，实现了自我意识与外在世界的统一，即自身与实在的统一。这种统一不仅仅是观念与对象的符合，还是“规定着自己的精神”，因而是自我决定的主体，自我因而成为主体。意识到自身是一个主体，是内容的决定者，便是自由，而且是一种意志的自由。知识教育的目标正在于这种自由的理性主体的完成，只有在这里，真理不仅是自在地存在着，同时自为地存在着。至此，科学教育才算正式完成：一方面自我作为认识主体获得了关于对象的必然性知识，从而获得相对于外部世界的自由就像当我掌握了驾驶的技术知识，便可以自如地对车辆予以把控，所谓自由无非对必然性的认识①；另一方面自我获得关于自我的知识，从而使科学教育同时成为一种精神的教导，自我的意识也因而从对物的意识发展为对人的意识，不过这种精神尚是主体内部的精神，其目的也无非“自己规定自己”的主体精神②。如果知识教育的精神目标停留于这一阶段，那就意味着教育的主体还只是控制的主体、占有的主体和自我中心的主体，这样的主体以精神的伪装复制了达尔文的生存斗争③。这正是现代教育所力图抵制的教育。精神不能仅仅以自我为对象，同时要意识到世界中他人的存在和他人的意识，从而也就必须获得关于“自我如何与他人在一起的”知识，这便是伦理知识。

---

① 这一观点最早由斯宾诺莎提出，后被广泛应用，同时构成马克思主义关于自由论的基本观点。

② 黑格尔．哲学科学百科全书Ⅲ：精神哲学[M]．杨祖陶，译．北京：人民出版社，2015：30.

③ 多尔迈．主体性的黄昏[M]．万俊人，朱国均，吴海针，译．上海：上海人民出版社，1992：49.

二、美的理念与艺术的精神理想

艺术的真理性源于艺术所具有的内在必然性，但艺术的这种必然性无论是在历史上还是在现实中，往往并不能如自然真理那样得到直观呈现。因为艺术的必然性不是一目了然的，它是内在的，即它是由思想去发现的，而不是在事物的表面存在着的①。在有些时候，艺术的形式（显现）使其不可避免地遭受种种误解，从而忽视或否定了艺术所具有的内在必然性。

当把艺术作为一种娱乐的游戏、奢侈的消遣或美化环境的装饰时，艺术就成为达成特殊目的的手段，因而不再是自由的，而是由外在因素决定的。然而，艺术的装饰和愉悦价值首先不是因为它有这些用途，而是因为它是艺术，所有这些价值只是艺术的从属价值，就像科学不是为了实用，但它的确能服务于真理之外的目的。对艺术的认识也必须将其从功用价值的从属状态提升到自由的状态和独立的地位，并成为真理。在这种状态中，它不再依赖任何外在的目的和标准，而是为了艺术自身的独特的目的。只有如此，美的艺术才成为真正的艺术……成为认识和表现神圣性、人类的最深刻的旨趣以及心灵的最深广的真理的一种方式和手段时，艺术才算尽了它的最高职责②。

艺术本质上就是用音乐、绘画、雕塑等感性的形式去表现这种崇高的东西，用可消逝的有形之物去呈现永恒的思想。这崇高的、永恒的东西便是理念，在艺术作品中实现此岸的感性现实与彼岸的纯粹理念的和解。这也就决定了艺术的表现形式虽然可以千变万化，但就内容方面说，美的艺术不能在想象的无拘无碍境界飘摇不定③。这种由内容所决定的必然性便

---

① 查尔斯·泰勒.黑格尔[M].张国清，朱进东，译.南京：译林出版社，2002：725.

② 黑格尔.美学：第一卷[M].朱光潜，译.北京：商务印书馆，1979：10.

③ 黑格尔.美学：第一卷[M].朱光潜，译.北京：商务印书馆，1979：17.

是艺术的必然性，它超越了一切基本需要和欲望的外在的功利性目标，使艺术呈现出完全的非功利性特征。艺术总是为了艺术自身的目的，唯一能够对艺术限定的只有艺术自身，这便是艺术所遵循的内在必然性。艺术品完全被内在必然性所浸淫，黑格尔称之为“selbstzweck”（以自身为目的）。这种内在必然性意味着所有部分都为了体现整个寓意而存在。但是这个寓意没有超出那个艺术品，而是弥漫于那个艺术品之中[①]。

构成艺术作品内在决定性的“内容”便是理念，美的理念才是艺术真正的决定力量。美是什么？“美就是理念的感性显现”，艺术的必然性也正体现为理念的必然性，它总是必然地被理念所限定。这种限定既构成艺术的目的，又作为一种幕后的决定力量而使艺术具有了真理的属性，如黑格尔所言，美就是理念，所以从某方面看，美与真是一回事。这就是说，美本身必须是真的[②]。艺术的真理性源于艺术的理念本质，因为理念就是自在自为的真理，是概念和客观性的绝对统一[③]，而真理的本质正是概念与客观性的统一。但对艺术而言，这种理念的外在存在不是作为客观的事物，如国家的理念与国家，理念通过视觉、听觉等感性的形式呈现自身，并通过这种外在存在直接呈现于意识当中。

艺术因理念而获得了其“真”的形式，因此，对艺术的领会需要对理念的真理性把握，艺术作为知识、作为真理被传授，甚至艺术知识构成了艺术教育的重要内容。但艺术的目的并非知识和真理，而是精神与教化，精神既是艺术的本性也是艺术的目的，教化也只能是精神的教化。艺术在本质上是心灵性（Geist）的，这个终极目的也就必须是心灵性的，那就是

① 查尔斯·泰勒.黑格尔[M].张国清，朱进东，译.南京：译林出版社，2002：725.

② 黑格尔.美学：第一卷[M].朱光潜，译.北京：商务印书馆，1979：142.

③ 黑格尔.小逻辑[M].贺麟，译.北京：商务印书馆，1997：397.

说，不能是偶然的，而是自在自为的[①]。也就是说，精神既是艺术的内在本性，也是艺术的终极目的。就“艺术”或“精神”而言，无论商人如何估价，艺术的精神价值和教化力量并不会因为过高或过低的价格而有所改变。因此，艺术教育的目的不仅仅是要让学生通过学习艺术知识和技能而获得一种额外的特长或才艺，更是要通过艺术的教化让心灵充盈、让灵魂高尚。艺术教育既包括艺术史和艺术知识技能的系统教育，又包括艺术评价、欣赏和理解的教育[②]。但对一般人而言，艺术体验、艺术鉴赏才是重要的，掌握系统艺术史、艺术知识、艺术技能等的目的在于培养艺术家。因此，基础教育阶段的学校艺术教育需要知识，但知识并非目的；艺术知识教育也的确具有精神价值，但精神价值有自身的限度。那种把艺术当作技能、将艺术作为外在的装饰、将艺术作为知识的教育，缺少了精神的教育。

三、价值真理与个体对伦理实体的精神认同

在科学知识教育阶段，尽管最终意识通过对自身的意识而指向了人，但这个人依然是孤立的人，这个意识只是个人的意识，因此依然是一种主观的确信。但自我在世界中存在必须面对他人意识的问题，康德及其之前的主体哲学以“我思”的方式对待他人的意识。“我思”的主体是笛卡尔式和康德式的主体，在这种主体面前他人与客观的它物一样是对象，因此也就根本上取消了他人问题，它不会明白“我”之所以可能是因为“我

① 黑格尔.美学:第一卷[M].朱光潜,译.北京:商务印书馆,1979:62.在《美学》中,朱光潜先生将德语“Geist”译为“心灵”,然而在《精神现象学》《法哲学原理》等黑格尔著作的多数中译本中,“Geist”都被译作“精神”,而“精神”概念是黑格尔哲学的核心概念,贯穿于其整个哲学体系当中。因此,虽然在部分场景中译作“心灵”并无任何不妥,但“心灵”无论如何不能涵盖“精神”所具有的复杂义项。而且在《美学》的有些地方将“Geist”译为“心灵”显得牵强,如在第5页说,只有心灵才涵盖一切,所以一切美只有在涉及这较高境界而且由这较高境界产生出来时,才真正是美的。

② 托马斯·门罗.走向科学的美学[M].石天曙,滕守尧,译.北京:中国文艺联合出版公司,1984:189-190.

们”。因此，现在要面对的根本问题是“我们如何在一起”的伦理问题。知识教育的问题也因此转化为伦理知识教育的问题，并最终通过对伦理必然性的把握而获得关于伦理的真理。

那么，是否存在伦理的真理？伦理学著作极多，但对“伦理”概念自身的研究较少，相反在更多的情况下是用道德代替伦理，用道德驱逐伦理，将伦理学视为道德哲学，从而成为关于道德、道德问题和道德判断的哲学思考[①]。这种关于伦理的西方式思考极大地消解了伦理的精神意涵和教化特征，同时也使“伦理”遭到“伦理学”的彻底遗忘。道德对伦理的僭越既是现代世界道德焦虑的根源，也是道德成为问题焦点的学理根据。但伦理在西方文化中的原初意义并非如此，它表达的是灵长类动物持久居留地，以及长期聚居所产生的习惯风俗，这也是为什么在伦理中总包含着深沉的家园意识；同时作为“习惯风俗”，伦理总能对所有成员产生普遍性的影响力量。亚里士多德关于伦理德性与理智德性的划分并强调理智德性的首要性，从而开创了西方重道德轻伦理的传统。发展至康德，伦理彻底遭到驱逐，伦理学从此成为道德哲学。康德伦理学也因此被黑格尔嘲讽为永远无法成为“实然”的“应然”[②]，道德从此成为“真空中飞翔的鸽子”。在黑格尔那里，西方哲学第一次完成了伦理与道德的严格区分，伦理不再是道德的影子和替身，相反，成为道德之为道德的根据。

中国文化自其开端便开创出伦理道德一体、伦理优先的文化格局。“伦”在古代包含着三层含义：一曰类或群。《荀子·富国篇》云“人伦并处”，郑玄注：“伦，类也，其在人之法数，以类群居也。”其中“伦”意味着具有共同属性的人群居，“群”的属性使“伦”既具有家园的感受，也因聚居而成为一个整体。二曰序。人与人群居一处并非无关个体的松散组合，而是遵循一定的秩序。《孟子·离娄下》中言“察于人伦”，赵岐注云：“伦，序……识人事之序也。”三曰辈。“伦，辈也”，“车以列分为

① 弗兰克纳.伦理学[M].关键，译.北京：生活·读书·新知三联书店，1987：7.

② 伍德.黑格尔的伦理思想[M].黄涛，译.北京：知识产权出版社，2016：250.

辈”，“辈”不仅进一步强调“伦”之“序”，同时，要明确每个人在“序”中的分位关系，“辈”不同，位置亦不同，从而对整体承担的义务不同。如果说，“群”使“伦”成为一个整体、群体，那么“序”和“辈”则使“伦”从群体演变为一个存在着伦理关系、伦理秩序的实体。在这个实体中，个体守于“伦”，秩序就自然达成，即所谓“安伦尽分”。因此，“伦”一方面具有实体的特征，另一方面具有普遍性的特征，它通过个体在实体中的分位规定了个体与实体的普遍关系。简单地说，“伦”的意义就是个体在实体之中依据自我的分位承担相应的义务，从而达成普遍的秩序。

“理”的本义是“治玉”，“玉”为“石之美者”，但其天然状态乃是“璞”，因此需要通过“治”而使其“返璞归真”。同时，玉石纹理细腻邃密，故需循其纹理精雕细琢，只有如此，“玉”之美方能尽显无遗。玉因其美而被赋予了特殊的文化意义，在远古时代先民认为玉蕴含“精气”，可通人神，出现了玉图腾和葬玉的早期文化；王者与巫师通过通灵美玉而汲取神明智慧，与天地交流，玉又被赋予了政治的意义，在后来的演变中玉与政治、与国家之间更是紧密相连，被视为“国之重器”；至儒学诞生，玉又进一步被道德化，具有了仁、义、智、勇、洁等的德性。伦理乃是“伦”之“理”，以“治玉”来说明“理”至少包含以下几层含义：第一，玉有其美、有其质、有其性、有其灵、有其德，以治玉比伦之理所表明的乃是“伦”之实体所具有的德性，以及实体之中个体所具有的本性之善；第二，“伦”虽然为人之行动规定了秩序，但是未琢之玉，是基于自然性的血缘、宗亲等形成的自发秩序，因此还只是人们对人伦关系的一种朴素认识，需要对之雕琢，从而使这种原初的意识转化为人伦之理，“理”是“伦”的规律化和真理化；第三，伦理从意识向真理的转化必须循其“纹理”，按照“伦”之内在规律来雕琢；第四，“理”的文化和政治意义使“伦”超越血缘之亲（伦的自发性与直接性），从自然的家庭、氏族延伸至民族、国家，不断拓展着“伦”之实体的存在形态。

因此，“伦理”的本义就是人们在实体之中依据其内在的规定和必然规律进行行动和生活的秩序，它所要面对的不是人与人之间的人际关系，而是个体与实体之间的人伦关系，其目的在于实现个体性的人与实体性的伦之间的统一，并使个体在与实体统一的辩证运动中完成自身的伦理教化，从而实现伦理规则的观念化和内在化。实体性是伦理的基本属性，它使伦理成为出自自然而超越自然的存在，包含着对人伦关系的最本质的揭示和真理性的认知，是兼具普遍性和真理性的精神，如黑格尔所说，当理性之确信其自身即是一切实在这一确定性已经上升为真理性……理性就成了精神[①]。伦理的实体本质上是精神的实体，而且它只有作为精神本质才是伦理的[②]。也就是说，伦理要想成为伦理一方面要满足普遍性的要求，另一方面必须作为实体的精神本质。如此一来，“伦理”与“精神”就成为相互诠释的一对概念，也正是在这一意义上，黑格尔将伦理作为“真实的精神”。实体性、普遍性、精神性就构成了伦理之为伦理哲学规定，伦理正是通过实体精神诠释单个人的公共本质，并以普遍性的公共本质——精神——规范实体成员的实践和行动。

因而，伦理教育就成为最直接的、最真实的精神教育，它的目的在于让学生形成关于伦理的真理性认识。伦理教育使学生的精神从孤立的个体走向了外在的世界，这个世界不再是无意识的物的世界，而是由和“我”一样的意识组成的“我们”的世界。科学教育导致的自我中心的占有式精神主体，通过伦理教育而对伦理必然性获得一种全面的认识和内在的认同。这个世界为必然性的法则所支配，但这个必然性不是自然的必然性，而是人为的关于伦理生活秩序的必然性。伦理知识教育就是要使个体在意识中把握伦理必然性并获得精神的教养的过程，学生也从最初的无教养状态而变得有知识，使自身通过接受外在的伦理规范而变得有教养。这时外在规范不再作为一种对个体自由的限制力量，相反，自我意识到伦理知识的必然性规律，就可以实现自由。

---

① 黑格尔.精神现象学：下[M].贺麟，王玖兴，译.北京：商务印书馆，1996：1.

② 黑格尔.精神现象学：下[M].贺麟，王玖兴，译.北京：商务印书馆，1996：8.

伦理知识教育经历了家庭、学校和国家三个阶段。学生自其出生便处于家庭的伦理环境中，在其中学生自发地接受着伦理教育。在家庭中，学生形成了“我”即“我们”的伦理意识，它是家庭所有成员之间的一体化状态。但家庭的单一本性使其不可避免地与更高的伦理实体产生冲突和矛盾，学校的伦理知识教育就是为了化解由家庭所带来的单一本性。学校作为一个教育共同体是一种伦理性的结合，它由来自不同家庭的学生组成伦理性实体。

第三节　知识教育何以“伦理”

知识通过对必然性的认识，从而形成个体的精神自由，它作为一种教化力量不断提升个体的精神品格。知识教育，尤其是基础教育阶段的知识教育首先面向的不是知识的实用价值，而是个体的精神教化，如果教育中的知识具有运用性，这种知识的运用是指向精神的优秀和卓越的，也就是说知识面向的是教化[①]。教化是精神的教化，它表达的是一种极其深刻的精神转变[②]，精神教化构成了知识教育的首要目的。只有通过知识教育自我才能走出自然造就的本性；只有通过精神教化，自我才能避免沉湎于自我的个别性和特殊性，并把自我提升为普遍的精神。因此，教化没有自身之外的目的[③]，精神的健全成长是其唯一的目的，教化的一般本质就是使自身成为一个普遍的精神存在[④]。科学知识使我们有可能形成对世界的智慧之思，伦理教育则有可能使我们形成道德的良善，而艺术教育最终会导向精神的崇高。但这只是智慧、良善和崇高的前提，知识教育使这一切变得可能，但也只是可能，单独的知识教育不可能构建出人的全部精神生

① 金生鈜.规训与教化[M].北京:教育科学出版社,2004:359.

② 伽达默尔.真理与方法[M].洪汉鼎,译.上海:译文出版社,1999:11.

③ 伽达默尔.真理与方法[M].洪汉鼎,译.上海:译文出版社,1999:13.

④ 伽达默尔.真理与方法[M].洪汉鼎,译.上海:译文出版社,1999:14.

命，它顶多只是个体的精神骨架，是缺乏血肉和灵魂的空洞理想。知识教育的教化功能和精神价值更多停留于认识，它所培养的只是个体的意识的精神，而无法真正关涉意志的自由。然而，只有意志才是行动的最终决定力量，只有意志才能将认识转化为一种改造的力量。知识教育的精神限度一方面源于精神的实践本性，另一方面取决于知识的意识特征。

一、知识的意识本性

知识是对必然性的把握，是人类对具体事物的认识，是对具体事物之因果联系或具体事物之内部结构的描述说明[①]。这种认识起始于感性确定性，终止于理性的真理，知识的形成过程就是意识从最初的空洞无物成长为具有丰富内容的精神的历程，它超越感性，形成对“对象”何以可能的知性把握，它超越外物而完成对“意识”进行意识的自我意识，成为摆脱了主客体对立或分离状态的至高的精神追求或精神境界[②]。至此，个体既不迷失于杂乱无章的缤纷假象，也不膜拜于彼岸世界之空洞黑夜，而是“进入现在世界的光天化日之下”。知识的本质是意识，知识教育就是要完成个体从意识到自我意识，从理性到精神的成长。即便是伦理的知识也同样是停留于意识，它固然超越了与外物相联系的主观精神，并使精神获得了实在性的形式，但“也只是意识到自己的公共本质和实体意识”，并通过教化完成客观性、共体性的伦理向主观性的个体内植，但其根本目的在于形成个体的“道德世界观”和主体内在的“良心”[③]。伦理知识教育的目的是帮助学生形成关于伦理规律的认识。意识塑造“思维的我”，而意志形成“意愿的我”。意识的目的是认识，却并不会导向行动。意识为必

① 卢风.知识与智慧:现代文明中的二律背反[J].社会科学辑刊,2000(3):12.

② 孔明安.脆弱的理性:从黑格尔的自我意识到精神分析的自我反思[J].云南大学学报(社会科学版),2010(5):25.

③ 樊浩."实践理性"与"伦理精神":基于黑格尔道德形而上学理论资源的研究[J].哲学研究,2005(4):108.

然性所决定，因此是一种认识的精神和理论的精神；而意志自己决定自己，它是一种知道自己是在给你做出决定和通过自己来实现自己的活动或能力[①]，精神只有作为意志的精神、实践的精神才能进入现实性，才能产生实践的力量。

作为思维的“我”永远无法获得一种现实感，它只能停留于理智的世界，揭示世界存在的一切秘密，无论这种秘密是自然的、社会的，还是历史的，它告诉“我们”的只能是自然世界和人类世界存在的必然性根据，因此总是以定律或规律的形式呈现自身。意识探索现象背后的根据，它似乎总是以现实世界为对象，但从来不是为了指导人类的生活，从来不会告诉“你”在现实的世界应该如何去判断和行动。真理性的知识总是保持一种价值无涉的态度。如果说意识的目的是真理，是定律、定理或规律，那么意志总是面向未来发生或即将发生的事情，意志是我们用于将来的心理能力，就像记忆是我们用于过去的心理能力一样[②]。意志包含着欲望和情感。罗素说，良善生活是由爱灌注且由知识导引的生活，知识与爱可以无限延展，有爱而无知识，有知识而无爱，皆不能产生一种良善的生活。教育只有完成了意识和意志的共同培育，才能真正地帮助个体形成兼具理论和实践的精神品格。

二、精神的实践品格

知识的特征是认识，知识获得的过程就是意识发展的过程。因此，知识教育最终形成的是认识的精神和理论的精神，或者说还仅仅是作为理念的精神，尚未获得其定在形式的精神，因此还只是片面的精神。一般来

① 黑格尔.哲学科学百科全书Ⅲ：精神哲学[M].杨祖陶，译.北京：人民出版社，2015：30.

② 阿伦特.精神生活·意志[M].姜志辉，译.南京：江苏教育出版社，2006：10.

说，精神（Geist）[①]概念总是包含三个层面的含义：一是精神被理解为认识论概念，它的目的在于通过思维对存在的意识把握；二是精神被理解为宗教的、信仰的神圣概念，因而表现出绝对性的特征，但如果我们抛开其中的宗教外衣，将精神的神圣性维度理解为先验的超越精神，那么艺术便是这种神圣精神的最好体现，因而艺术教育也就成为使人实现精神上的高贵的最好形式；三是精神还被理解为一种伦理普遍物或普遍本质（即伦理实体或伦理实在）时，它呈现出与理念之现实相关的某种特性[②]。在这里，精神以伦理为其真实的形式，精神就是自由的理念，就是活的善，这活的善在自我意识中具有它的知识和意志，通过自我意识的行动而达到它的现实性[③]。与纯粹认识论的概念不同，作为伦理的精神是知识和意志的统一，它既要通过知识获得关于伦理客观性的必然性认识，又要通过意志而去"行动"，以获得其现实性。知识或意识追求的是合理性，而意志或行动追求的是合目的性，因此是追求现实性，也只有在这一意义上，伦理才被作为"活的善"，即流通于现实的善。因为意志当中包含着情感和欲望，是一种意愿，精神借助于思维进行判断，同时通过意愿而进行选择和行动。

精神的现实性或实践性的全部根据在于精神的自由本性，但精神是知识与意志的统一，而知识为精神提供的是意识的自由，是源于对必然性的认识而获得的自由。这种自由固然彰显着精神的自主性，但这种自主性是

① 在黑格尔之前认识论主要是基于理性或经验，"精神"的出场使认识论获得了开拓和深化，这一功劳毫无疑问应归之于黑格尔。但黑格尔的"精神"(Geist)概念含义颇多，而英语里通常用"mind"来翻译德语里的"Geist"，"mind"更多地指心智，并不能完全对应德语的"Geist"。如果说西方文化整体是一种理性文化，那么"Geist"表达的是"理性和它的世界的统一"，同时是意识(思维、心智)和意志的统一。与西方的理性传统相比较，"精神"在中国反而是更为常见也更为常用的概念，同时是涵盖性极强的概念。王阳明在《传习录》中说"夫良知一也，以其妙用而言谓之神，以其流行而言谓之气，以其凝聚而言谓之精"，从而使"精神"在中国文化中获得其哲学的形态。虽然黑格尔在生前对中国哲学整体显示出一种蔑视的态度，但其内在的逻辑恰与中国哲学有着高度的一致性，无论是对伦理的理解还是对精神的说明，都显示出与中国哲学的相通性。

② 田海平."精神"的精神：现实性理念与实现的伦理：论黑格尔伦理学的两个实践哲学面向[J].江苏行政学院学报，2018(3)：6.

③ 黑格尔.法哲学原理[M].范扬，张企泰，译.北京：商务印书馆，2009：164.

为必然性世界、为定理和规律所限定自由，它只能认识、只能发现、只能思维，却无法行动。而意志的自由或意愿的自由是主体自我决定的自由，它既可能是脱离理性支配的任意和狂野，又可能是追随良心的世界温情。作为意识的精神，总是服从必然性的命令；而作为意志的精神，总是听从意愿的呼唤，从而具有与知识完全不同的自由，同时也具有比知识更大的自由。意愿具有比思维大得多的自由，而思维，即使在其最自由和最思辨的形式中，也不能违背矛盾律①。当然，完全被“任意”驱动的自由必然成为欲望的奴隶，意志也要为客观必然性所限制，创造性行动不能是天马行空的臆想，道德行为也不能是全凭主观良心的抉择，但意志能使我们依据现实的情景、自我的观念而做出合法、合情、合理的行动选择，也就是说意志并不必然执行必然性的命令。如果一个人受其完美无缺的理性支配时，就成为令人厌恶的人②。

精神的意志特征使其成为现实的精神，无论对个体心灵的理性决断来说，还是对人类群体心灵的社会行动而言，精神的根本精神或本质就是现实性的理念③。因此，知识教育尽管关涉精神，能够推动学生灵魂的完善和精神的成长④，但只是有限的精神，是被限制在必然性领域的精神，因而通过知识教育获得的精神就只是片面的精神，不能因知识教育拥有精神价值而无限夸大知识教育的精神价值。知识教育告诉我们的是认识的真理，对于科学知识而言或许是充分的，但对伦理和艺术而言，是狭隘和片面的。伦理教育和艺术教育当然包括知识教育，但它们更多地指向行动、创造和想象，这是单纯的知识教育所不能赋予的。

---

① 阿伦特.精神生活·意志[M].姜志辉，译.南京：江苏教育出版社，2006：3.

② 阿伦特.精神生活·意志[M].姜志辉，译.南京：江苏教育出版社，2006：101.

③ 田海平.“精神”的精神：现实性理念与实现的伦理：论黑格尔伦理学的两个实践哲学面向[J].江苏行政学院学报，2018(3)：9.

④ 对“灵魂”的思考在西方有着悠久的传统，至柏拉图形成了较为完整的灵魂理论。在柏拉图那里，灵魂有理性的特征，同时也包含着激情和欲望的属性。柏拉图关于灵魂的理解与黑格尔的“精神”概念有着内在的相通性，恰如“精神”总是包含着理智和意志。

三、精神的伦理属性

我国古代历史上并未形成专门探究“知识之为知识”的知识论传统，却自一开始便奠定了为道德寻找伦理根据、为人心确立伦理秩序的伦理传统。知识论的目的在于求真，而伦理的使命在于求善。“知识”与“道德”何者为第一性的问题，在源头上便奠定了中西文化的本质性区分。这种文化传统上的差异直接体现在对教育的原初理解之中。苏格拉底以“精神助产术”的方式阐释着教育的知识论目的，教师的使命就是要通过引导使学生重获“先天具有”的知识，这种知识总是随着“灵魂”而“入驻肉体”。理念表达的是对世界的确定性和真理性的认识，教育因此就成为一种求真的事业。

伦理是一种关系性存在，单独的个体无法成就伦理。但伦理也无法在“我”和“你”的人际关系中形成，而只能在“我”与“我们”的人伦关系中发生。所谓人伦关系表达的是作为个体之“人”与作为实体之“伦”之间的关系。基于“理性”的精神因为理性的个体性而外显为个体与个体之间的“人际关系”，而基于“伦理”的精神表达着教育家个体与个体所处其中的实体之间的“人伦关系”。伦理与理性都是指向普遍性的东西，但两者之间又有本质性区分。伦理是一个总体性的概念，它始终表达着个体性的人与实体性的伦的统一，因此伦理普遍性是一种在“伦”的传统下对于实体的信念和认同①。

精神从来不是以孤立的个体形式存在，而总是处于伦理的实体之中，如国家、民族等。这种作为整体之实体不是由各个孤立的个体组成的机械集合，其集聚不是原子化的，不是沙粒组成沙堆，而是实体性的。实体性表达的是个体始终将自身置于与共同生活的他者的关系之中，始终使作为个体的自我与身处其中的实体之间保持一种内在的统一。精神是实体精神

① 樊浩.伦理道德的精神哲学形态［M］.北京：中国社会科学出版社，2017：113.

在个体身上的体现，个体通过对实体精神的分享而成为精神的个体，个体也只有当分享了实体之精神时才真正具有精神的品格。

“伦理”是“精神”的现象形态，“精神”以“伦理”为存在方式①，精神与伦理之间存在着内在的一致性。因此，伦理必然是精神性的，精神也只有作为伦理才是最真实的精神②，精神本质上是一种伦理精神。

不过，精神不仅是个体与实体的统一，还是“知”与“行”的统一，“知”是精神的思想表达，而“行”是精神的实践表达。然而，“人际”对“人伦”的取代、“理性”对“伦理”的僭越成为知识教育精神困境的时代根源，它不仅使作为理性的个体与伦理的实体相脱节，同时通过理性与行动相脱节而远离精神，让思想成为单纯的遐想，实践成为缺乏思想指导的盲目行动。但这并不是说知识不具有精神性，而是说知识是理论形态的精神，这种精神只有通过实践和行动才能成为现实。王阳明以“良知”诠释精神，并指出：夫良知一也，以其妙用而言谓之神，以其流行而言谓之气，以其凝聚而言谓之精③。因此，精神的本质乃是知行合一。对此，黑格尔以精神哲学的话语指出：精神一般来说是思维……思维和意志的区别无非就是理论态度和实践态度的区别。它们不是两种官能，意志不过是特殊的思维方式，即把自己转变为定在的那种思维，作为达到定在的冲动的那种思维④。

精神必然是一种实体精神，这种实体精神最终需要通过个体来呈现。伦理是实体的，而道德是个体的，从实体之伦理到个体之道德的转换过程就是从实体之伦理精神到个体之道德精神的转换过程。虽然思想性和实践性是个体精神的两个基本面向，但思想之知和实践之行并非两个东西，而是构成个体精神的一体两面的东西，思想是理论形态的实践，实践是行动

① 黑格尔.精神现象学：下[M].贺麟，王玖兴，译.北京：商务印书馆，1996：8.

② 樊浩.伦理道德的精神哲学形态[M].北京：中国社会科学出版社，2017：410.

③ 王阳明.传习录[M].张靖杰，译注.南京：江苏凤凰文艺出版社，2015：158。

④ 黑格尔.法哲学原理[M].范扬，张企泰，译.北京：商务印书馆，1996：12.

当中的思想。只有在行动中精神才是现实的，但只有在“知”与“行”、思想与实践的统一中精神才是完整的。单纯的理性虽然能够致“知”，却无法践“行”，必然导致知行的分离，造成精神的陨落。

总而言之，知识作为意识活动的结果而具有精神的意义，而精神的实体性、实践性进一步表明伦理与精神之间的内在关联，或者说，伦理性乃是精神的基本规定。

本章小结

知识教育以知识为内容，容易偏向实用主义而过度追逐功利价值，在教育的历史上频频出现这种倾向，多次引发争议；但是，知识教育以精神为目的，精神总是处于伦理的实体之中，精神本质上是一种伦理精神。强调知识教育的伦理性，有助于人的全面发展。

知识教育并非否定知识学习，而是在强调学习知识的基础上，过分注重实用与功利，会忽视或者否定学习者的精神，甚至损害到其精神。党和政府指出，要正确处理支撑国家战略和满足民生需求、知识学习和全面发展、培养人才和满足社会需要、规范有序和激发活力、扎根中国大地和借鉴国际经验等重大关系。其中，准确把握知识学习和全面发展的关系，对于培养德智体美劳全面发展的社会主义建设者和接班人，推动教育强国建设，意义重大。

第二章　学校教育的知识化

本章导读

知识教育因为对信念的关涉而指向真理，同时通过对灵魂的关涉而被内在地赋予伦理的品性，知识也因而成为自古以来教育的重要目标。随着现代社会的开始，专业性的知识学习变得紧迫，相应地，古代那种综合性的学校教育日益向学科性教育转变，分科教育替代综合教育成为学校教育的基本形态。分科教育的原初动机在于通过专业知识的学习而服务于经济社会发展过程中迅速分化的社会职业，从而使学校教育能满足不同职业对不同专业知识的需要。可以说，“知识”在现代学校中的地位超越了以往任何的时代，知识成为征服自然的手段，知识教育日益趋向于实用化。学校教育通过教育的“知识化”而完成了向知识教育转变。

下面先分析学校道德教育、艺术教育转向知识教育的过程，然后分析学校教育整体性的知识转向，从而指出学校教育过分追求“知识化”的后果、忽视人的精神教育，因而需要加强知识教育的伦理守望。正确认识教育中的“知识”，还“知识教育”以德智体美劳全面发展，这正是教育同仁努力践行的育人目的。

第一节　道德教育的知识化

2006年“彭宇案”之后，“老人摔倒扶不扶”便成了民间和学界共同关注的话题之一。法官当初的判决或许是一个诱因，但“扶不扶”的背后也不仅仅是一个法律的问题[①]，更是一个“道德”问题。事实上，学界对“道德冷漠”的关注并非始于“彭宇案”，早在20世纪90年代伦理学界便对道德冷漠现象进行了大量的研究。原因固然复杂，但道德教育的不到位被共识性地视为根源之一[②]。知识化的道德教育，演变为形式上的思维训练和知识学习，个体的“身体经验”与学习情境消失在道德教育的过程中。道德情景的遗忘和“身体经验”的缺席使学生陷入“知行不一”的道德困境，成为没有情感的理性人，或成为剥离了道德经验的抽象人。道德教育需要重审“身体经验”在道德教育中的地位，使“身体经验”从隐而不显的状态中凸出来。

① 不少人认为“彭宇案”是我国社会道德境况的一个转折点，并认为法院的判决理由造成了普遍性的道德冷漠状况，因此将“扶不扶”首先归结为一个法律问题。

② 学界对道德冷漠的研究从20世纪90年代至今，前后持续了近30年。在这些研究成果中，无论是伦理学学者还是教育学学者，都从“教育”出发，分析“道德冷漠”根源，认为教育是纠正道德冷漠的最好方式。

一、学校德育知识化的历史表征

教育是人对人的主体间灵肉交流活动，包括知识内容的传授、生命内涵的领悟、意志行为的规范……[①]教育不仅要让学生获取知识，而且要让学生在获取知识的过程中养成个体体验生活、感受生命的能力。但是，在教育活动中，教育结果的压力、德育评价模式的限制、教学形式的局限，使得身体在认识世界中的作用逐渐弱化。只要我们还停留在实用的或者说功用的态度中，我们就在很大程度上错失了知觉的世界[②]。梅洛—庞蒂通过重新审视身体来批判理性掌控下的社会对身体的偏见，将身体从理性的囚牢中解救出来，通过身体来认识世界。基于梅洛—庞蒂的身体现象学，教师在进行道德教育时，不仅要注重道德学习的结果，更要重视始终流淌于师生道德情感体验中的交往活动本身，相较于抽象的道德文本，创生于师生交往所氤氲的情感碰撞与身体领悟的道德体验或许更有利于学生对道德知识的反思与内化，即让学生的各种官能在现实场景中调动起来并进行自觉整合，进而以身临其境的方式体悟其中所要表达的道德意蕴。真正的教育首先应指向此时此地个体自身生命的充实与完满，指向真实个体的此时的完满，而不是指向冰冷的知识[③]。学校德育如果执着于对理性和可控性的追求，就会遗忘了作为道德活动之基础和条件的身体，道德教育会变得与行动无涉，它所需要的不是个体的经验感受和切身体验，而是对道德知识的理性认知，道德教育在这一过程中一步步陷入知识化的泥淖。

---

① 卡尔·雅斯贝尔斯．什么是教育[M]．邹进，译．北京：生活·读书·新知三联书店，1991：3．

② 莫里斯·梅洛—庞蒂．知觉的世界：论哲学、文学与艺术[M]．王士盛，周子悦，译．南京：江苏人民出版社，2019：3．

③ 刘铁芳，周俊凡．身体的教育意蕴及其实现[J]．教育学报，2020(5)：4．

（一）考试催生知识化的德育内容

现代意义上的学校考试是以分数或等级的形式对个体价值或能力进行评价的一种手段，以此为据来评判考生的学习状况，以及是否具备任职资格或进一步学习的能力。总体来看，考试在教育评价和人才选拔方面具有便捷与高效的优点，与此同时，以纸笔测验为主要手段的标准化考试总是不可避免地以“知识”为主要内容，强调反映学生对知识掌握的程度。现代考试的知识化倾向与学校教育的应试化特征合而为一，学校中的“考试”一步步向“知识考试”演变，它通过目的性的引导和标准化的程序将学校所教、学生所学的一切内容都转化为知识，甚至那些不能被知识化的实践内容也正在以知识化的方式被对待。于是，“道德”便在“知识化”和“应试化”的背景下远离其自身的“实践”品性，通过对教材的知识化理解，而将鲜活的道德场景进行抽象化、概括化处理，将道德教育的内容以知识的形式呈现出来。知识化的德育提高了学生获取道德知识的效率，因该形式固有的间接性而导致道德知识与学生生活相脱离，道德教育就会沦为对道德知识的灌输。

与数学、物理、化学等学科注重通过对外部客观世界的探究来追求真理不同，道德教育的目的在于人格陶冶，它旨在个体内在德性的教化养成，以求良知得以去蔽澄明。因此，道德教育的效果不可避免地具有滞后性和内在性，它既难以通过个体外在的表现而形成准确的判断，又难以立竿见影地看到真实的成效。作为道德教育重要内容的道德知识，更容易被及时地以量化的形式考察，从而更容易被测量而成为道德教育考核的核心内容。于是，道德教育的滞后性、内在性和隐蔽性最终使以考试和分数为重要评价手段的学校一步步地将道德教育演变为道德知识教育：考纲成为教师教学的指挥棒，支配着学校的教育内容，道德教育把道德知识的传授当作道德教育的全部，向学生传输的是被普遍化和客体化了的道德知识①。

① 鲁洁.边缘化 外在化 知识化：道德教育的现代综合症[J].教育研究，2005(12)：13.

学校的道德教育被等同于道德知识的获取，而为了帮助学生在有限的时间内获得最好的成绩，教师进一步对道德知识进行条分缕析的整理。传统的机械记忆就成为提高分数的重要手段。然而，道德教育始于知识，终须行于生活，对个体德性的评价不仅在于个体拥有多少道德知识，更在于个体对道德知识的体悟程度、在于个体能否产生对道德情感的内在认同进而表现出自发的道德行为。

（二）分数衍生测量化的德育评价

柏拉图说，带着肉体去探索任何事物，灵魂显然是要上当的[①]，而在一些教育活动中，“身体”被排除在学习活动之外，学生的分数成为教育评价的重要指标，原本自下而上培养人的教育活动变成自上而下的任务管理。在这样的教育氛围下，教育逐渐演变为片面的心智活动，学生的“身体”面临被束缚的风险。

教育乃是循序渐进培养人的艺术活动，但是，学校一些学科走上了量化评价的范式，道德这门关乎人的价值与意义的学问也难逃被量化支配的命运。道德教育无法进行科学化的量化计算，其根源在于科学方法的本质是运用严密的、实验性的和数量化的手段，要求我们把现象领域的内容视为完全确定和完全客观的[②]。经理性处理后的数据完全抹杀了个人情感的内在价值，使人变成了人群中的一个数字“1”——可被替换的“1”，没有了独特性。可对于所有不像科学那样通过度量和比较所进行的研究、对于那些不像经典力学那般通过把某些结果和某些条件联系起来而终于得出某种规律的研究，科学到底有没有权力去否定，有没有权力将人的感性部分斥为虚妄？[③]我们不得而知。我们所知道的，即道德教育乃是一门关涉

① 柏拉图.斐多:柏拉图对话录之一[M].杨绛,译.沈阳:辽宁人民出版社,2000:15.

② 加里·古廷.20世纪法国哲学[M].辛岩,译.南京:江苏人民出版社,2005:231.

③ 莫里斯·梅洛—庞蒂.知觉的世界:论哲学、文学与艺术[M].王士盛,周子悦,译.南京:江苏人民出版社,2019:8.

价值、情感和行动的学科，它需要向未来开放，从而是未被确定的一个真实情境，使师生在共同搭建的平台上进行充足的情感交流与互动，以汲取精神的养分。在此过程中，学生获得情感、态度、价值观的塑造，而非符号化的知识。试图通过数理统计的方式，对道德进行量化分析，常常徒劳无功。

（三）特定的教学模式导致智育化的教学过程

十几年前，有的学校课表中虽然列有德育课，但是在真实的教育过程中并未给予重视，德育课常被数学、物理、化学等学科占用。同时，有的学校道德教育的实施场所被限定在教室内，搭配散布于墙面的道德标语作为枯燥教育形式的补充，虽然理论上可能对学生产生潜移默化的影响，但由于并未真实地关涉学生的教育生活，难以使学生从中体会到其要传达的道德意蕴，从而使道德教育的影响仅仅停留于教室空间。此外，有的教师的教学内容无法挣脱教科书的限制，教学活动形式受到约束，鲜活的道德场景被简化为书本中的文字符号，将抽离了情感的道德教条灌输给学生，使得道德知识的教学最终停留在说教、劝导、提醒、建议等浅显层面。例如，中小学教材提出的爱国主义教育，如果学生尚未真正参与，爱国主义教育缺乏与学生生活的亲身关联，那么学生只有满腔的爱国知识，而不知如何去表达爱，最终使爱国主义教育沦为头脑中空洞的口号。

随着信息技术的发展，新媒体的出现为学校的道德教学提供了新的可能形式，教师通过视、听等信息化手段调动学生的身体感知，使学生更容易接受道德知识，体会场景要表达的情感。新媒体的介入在某种程度上提高了学生身体在学习中的参与度，但在实际教学过程中也存在一些问题：一些教师片面追求活动数量、丰富性、趣味性甚至热闹程度，导致活动预设内容多、教学进程快，学生对活动所涉及问题的探究和思考仅停留于浅表层[①]。学生由于没有足够的时间去消化与领悟场景中的道德内涵，从而使道德学习过程显得仓促且收效甚微。此外，多媒体的游戏化设置使学生对道德学习更多地停留在娱乐层面，道德教学面临着流于形式化的窘境。

道德教育的特殊性在于道德不是一门技能型学科，而是一门重视体验的学问，其目的在于帮助学生培养正确的道德情感、态度，树立正确的价值观，希望学生通过发挥自己的主观能动性，主动去体验他者的情感，从而与他者产生共鸣，进而达到与他者换位思考的可能。如果道德教育将主体与认识对象分离，把道德知识视作绝对客观、固定的真理，要求学生加以把握，那么，这样的做法势必使道德教育陷入知识化的困境。

近年来，党和政府对“以德育人”尤为重视。中小学专门的道德与法治课与特定的“学科思政”一起发力，德育改革如火如荼，学生接受各种体验，德育成果明显见效。这正是针对德育过度知识化发展而做出的积极而有效的改革。

二、道德教育的具身品性

道德教育的知识化意味着把道德教育局限于知识层面的理解与记忆，意味着用道德知识的学习来代替道德教育。然而，知识只是经过理性加工处理并抽离了真实情境和切身感受的文字符号。这样的道德教育是“身体”缺席的教育，或者说“身体”只是被视作生理意义上的肉体存在。然而“身体”意义绝非仅限于此，相反它是肉体与灵魂、感性与智性、生理与意识、自然与价值等融合为一体的动态的、鲜活的生命整体[②]。因此，道德教育的知识化问题本质上源于对“身体”的误解，以及基于这种误解

① 陈为，张艳，张有俊．道德与法治课活动教学的主要问题及其对策［J］．中学政治教学参考，2018（29）：45.

② 张再林，冯合国．从梅洛—庞蒂的身体现象学探现代教育理念的转变［J］．教育理论与实践，2015（4）：4.

而引发的对“身体”的遗忘。走出困境就意味着去挖掘“身体”的深层含义，使“身体”在道德教育中的价值得以回归，使那个被隐藏、被遮蔽的“身体”得以显现和澄明。与笛卡尔的“身心二元”中忽略“身体”的认识论学说不同，在梅洛—庞蒂看来，无论是以笛卡尔的“我思”，还是以胡塞尔的“意识”为始基的认识论，都没有真正涉及认识的本质。究其原因，“我思”和“意识”都是以思维作为认识的起点，这无法解决认识过程中个体内在意识如何认识意识之外的客观事物的问题，以及主体与客体之间、物质与精神之间、身体与意识之间的认识悖论。梅洛—庞蒂的身体现象学通过重塑“身体”，以“身体”为中介来调和认识过程中“内在性与超越性”的矛盾，重新唤醒教育者对“身体”的关注，发挥“身体”在道德教育中的重要作用。

（一）以身体知觉代替意识化的道德认知

不同于现代学校德育以理性的姿态对知识的执着追求，梅洛—庞蒂反对理性主义，认为理性主义的这种依赖把我们对于世界的经验简化为空洞的思想、观念和概念[①]。他认为，在教育中，教学活动不是纯粹的思维活动，而是身与心的辩证统一。他期望超出笛卡尔的我思，达到一种能够更真实、更确切、更恰当地解释我们对于世界的知觉，以及我们相互之间交往的前反思的、非概念的、身体特征的心灵理论[②]。在梅洛—庞蒂看来，身体乃是作为个体与外部世界直接照面的存在，相较于思维或者意识而言，身体的知觉在与外界交互的过程中具有绝对的优先性。这一特征在学生认识世界的过程中表现得尤为明显。皮亚杰的认知发展阶段论指出，儿童早期处于感知运动阶段时，由于意识还未形成，仅靠感觉和知觉动作的方式来适应外部环境。儿童运用身体的触摸感知、交互作用来实现与外界的沟通，此时，儿童的身体向环境敞开，在与环境的交互过程中感受客观

① 丹尼尔·托马斯·普里莫兹克.梅洛—庞蒂[M].关群德,译.北京:清华大学出版社,2019:8.

② 丹尼尔·托马斯·普里莫兹克.梅洛—庞蒂[M].关群德,译.北京:清华大学出版社,2019:8.

对象的存在，并逐渐地认识对象，知觉成为一切认识活动的前提。类似的情况也发生在儿童初学数字与汉字时，手成为儿童与世界交流的工具，儿童通过掰手指、用手比画等方式开始了对世界的探索。因此，当儿童面临真实的道德情境时，他们不只是将头脑置身于具有教育意义的场域内，而是将身体的各种知觉器官都调动起来。随着身体知觉与环境发生交互作用，个体不再是道德场域内的旁观者。身体作为道德事件发生时在场的元素之一参与其中，通过知觉与环境沟通，个体在现象场中获得来自场景提供的意义体验。因此，梅洛—庞蒂认为，被知觉世界乃是全部合理性、全部价值和全部生存始终预先设定的基础。这样的看法既没有摧毁合理性，也没有摧毁绝对性。它寻求使它们下降到地面上①。让知识回到最初的样态，也就是寻求胡塞尔现象学提及的“回到事情本身”。

身体知觉作为先于意识的存在，在教学过程中理应得到更多的关注。知觉不是关于世界的科学，甚至不是一种行为，不是有意识采取的立场，知觉是一切行为得以展开的基础，是行为的前提②。而在实际的教学活动中之所以没有体会到知觉产生的作用，主要是因为科学知识转移了体验，是因为要从我们的身体结构和从物理学家想象的世界中推断出我们应该看到、听到和感觉到的东西，我们不再会看、不再会听，总之，不再会感觉③。因此，知觉在身体中被淡化，但并不是知觉的消失，而是以一种隐秘的方式存在。知觉作为一种前主观的视域，已经成为一种本能，烙印在我们的“习惯身体”④当中，以一种无意识的潜在状态时刻存在着。当认出某一事物并能直接说出其名称时，并不是我们没有发挥感官作用直接认出对象，而是作为一种前认识的知觉，已经被身体统合成一个可以言说的概念，但概念不等于感知，因此，为了达到对客观对象的认识，现象学的

---

① 转引自：杨大春.杨大春讲梅洛—庞蒂[M].北京：北京大学出版社，2005：93.

② 莫里斯·梅洛—庞蒂.知觉现象学[M].姜志辉，译.北京：商务印书馆，2001：5.

③ 莫里斯·梅洛—庞蒂.知觉现象学[M].姜志辉，译.北京：商务印书馆，2001：293.

④ 莫里斯·梅洛—庞蒂.知觉现象学[M].姜志辉，译.北京：商务印书馆，2001：117.

还原就要求将原有的概念进行悬置，从原初的知觉出发重新回归真实的生活场景，在现实的教学活动中通过切身的感知、体验领悟教育呈现出的意义。

（二）以场景体验促进自我与他者在道德情感上的灵肉交融

道德的实践特性意味着道德教育与其他学科教育（尤其是数、理、化等知识性学科教育）显著不同：对这些学科的学习是为了获取知识以求认识、理解或解决现实世界中的理论或实践问题，道德教育的本质或本质功能却只有一个，那就是对于人的生活意义的求索和生存质量的提升[①]。通过对道德场景的体验来提升个体共情能力的方式，从而达到内在情感的震颤并进一步产生道德行为。当个体开始对他者开放自己的情感时，个体与他者之间就实现了情感的双向奔赴，主体与他者形成了对事物的共同体验，因此，作为主体的自我与他者的关系不是主客二分的对立关系，而是我与你的主体间的关系，此时，主体不再是以旁观者的身份出现在道德情境中。作为对他者的情状表现出身临其境的我与他者之间就没有了距离，情感消弭了实存者之间的间隔，产生同情共感，从而能够自主地体谅他者。而学校道德教育在科学理性的主导下将身体的体验边缘化，导致道德情感的缺失。在梅洛—庞蒂看来，视觉和运动是我们和物体建立联系的特殊方式[②]。道德教育需要把关注点投向他者而不再是作为主体的我，我的身体作为一个能感、可感的统一体，既是认识的中心又是情感的中心，既是主动的又是被动的，通过肢体动作与表情所呈现出来的情感建构起我与他者之间沟通的桥梁。当面对情境中的他者时，他者呈现给我的不是一堆生物学上的肉体，而是与我一样的肉与灵的统一。此时，对他人的了解不再停留于身体呈现的表象，而是浸润在我与他交往发生的一切活动中。

---

① 檀传宝. 德性、德性生活的实存与历史：对于道德生活和道德教育本质的思考[J]. 江苏高教，2000(1)：37.

② 莫里斯·梅洛—庞蒂. 知觉现象学[M]. 姜志辉，译. 北京：商务印书馆，2001：183.

他者向我呈现的身体，不是生物意义上的肉体，而是一个为各种各样的意向所激活的身体，是一个作为许多行动和话语之主体的身体，这些话语和行动回荡在我的记忆里，正是这些话语和行动向我勾画出了他的精神风貌[①]。个体的肢体动作作为沉默的语言也能表达出主体的情感。在生活情境中，对他者善意的微笑或是轻轻拍肩的鼓励同样可以表现出超越语言的情感力量，在此过程中，身体充当了主体间的话语媒介，完成了情感的交流。

（三）以伦常的道德实践参与现实世界

知识源于人们对生活经验的理性凝练，但即便是以逻辑和精确而著称的数学知识也只是奠基于通过经验形成的数学公理。胡塞尔曾指出，生活世界是科学及其世界观的根基，因为科学的动机是在生活世界的基础上产生的，科学的理论归根到底起源于最初在生活世界中所获得的质朴的和直接的观察[②]。作为胡塞尔后期思想最忠实继承者，梅洛—庞蒂进一步发展了对生活世界的认识，认为现代科学只看到了人作为存在物的一面，而忽视了人作为“存在”的本质。生活世界作为个体生存的现实场景，身体囿于其中的原初场域，身体、事物与发生的背景三者共同构成了一切事件发生的“整体形式”（格式塔），即梅洛—庞蒂所说的现象场或知觉场。因而，对道德的学习绝不能只将道德视作一个呈现在你我眼前供大家认识的客观存在者，道德是实存的生活中未发展完成的、有待形成的、有待完善的存在，它需要个体在参与真实的生活世界中领悟。而且，生活世界的现象永远处于生成的过程中，每一个鲜活场景提供的意蕴只有作为能感与可感的身体的真正参与才能体会。当作为整体的身体统觉了各种感官提供的

① 莫里斯·梅洛—庞蒂．知觉的世界：论哲学、文学与艺术［M］．王士盛，周子悦，译．南京：江苏人民出版社，2019：58-59.

② 埃德蒙德·胡塞尔．欧洲科学危机和超验现象学［M］．张庆熊，译．上海：上海译文出版社，2005：16.

知觉后，身体才是融合了意识与生理、肉体与灵魂的鲜活生命整体。道德归根到底要走向实践，是因为道德本来就未脱离于生活实践，身体作为环境与社会中不可或缺的第三项，从始至终都内嵌于生活世界。

道德在其原初意义上表达的是人与人在交往中形成的约定俗成的“规范”，这一原本在日常交往中产生并应用于日常生活的规范，在教育历史上却一度以教条的形式呈现给学生。道德知识作为现实生活中动态情境的简化，它是在实际的教学过程中由师生之间的交互形成的动态知识，在与人的交往过程中才呈现自身的意义，因此不存在一个固定不变的道德模板，也不存在一成不变的道德知识。在科学与实用理性的支配下，道德学习转变成对道德知识的占有，将个体重要的情感、体验、意志等非理性因素拒之门外，学习简化为主体对客观知识的记忆活动。道德教育的生活转向要求将道德教育重新退回到原初的场景当中，在一切与个体相关的生活情境中体验道德的教育意蕴，毕竟，真实的道德场景散发出的教育意义远远大于通过书本知识所得。

三、道德教育知识化的后果

道德知识作为个体形成道德观念的基本内容，其高度的概括性与易识记性赢得了教育者的普遍青睐。道德知识源于生活，在对道德经验抽象化、概括化的过程中遗忘了道德事件发生的原初情境，同时也遗忘了道德主体的内在情感和切身体验，身体的缺席意味着它所呈现给我们的不再是“道德”的全部要义，不再是那个切身性和情境性的真实道德场景，而是撇去了情感体验的道德条目，道德知识成了外在于内心、外在于行动的道德教条。道德知识之于学生的道德养成价值毋庸置疑，它在很大程度上丰富着学生的道德认知，然而当学生对道德的追求如果是出于某种特定的外在动机，道德教育就可能走上功利化之路，道德可能演化为唯利是图者表演的工具，进而可能催生虚伪的道德行为，这就可能走向道德教育的反面。

（一）功利化的道德意识

道德学习本质上是一种实践活动，它需要学习者将习得的道德知识内化为情感上的认同和意志上的同意，最终使道德呈现为习惯化的行为，从而建构出道德学习的完整闭环。有的学校道德教育重视对学生规则意识的培养，缺乏对学生道德情感的激发和道德意志的训练，虽然最终学生在学校里能够表现出道德的行为，但无非循“规”蹈“矩”而已。道德教育不能仅仅停留在知识层面的“是什么”，更要追问道德动机上的“为什么”以及道德实践上的“怎么办”，正确的道德意识需要个体在长期的道德实践中形成。学生只有在自主感受到良好德行带来的幸福体验后，才会发自内心地接受道德知识，并将知识内化于心、外化于行。只有导向自我克服的强迫才会对教育产生作用，其他任何一种外在强迫都不具有教育作用，反而只会将学生引向对世俗实用的追求[①]。

知识化的道德是以自我为中心的道德，其目的不是要在行动中与他人关联，并承担起对他人、对集体的伦理责任，而是从自我出发、以“意识”或“思维”的方式进行道德上的“算计”，虽有道德的外表，但指向外在的功利。功利化的道德学习在追求个人利益的过程中，一切以自我的利益为重，始终被笼罩在竞争的环境里，认为只有“赢”才能“出人头地”。

在道德教育中，教师要积极激发学生对道德本体价值的追求，尽力摆脱功利化的道德知识的学习，因为德性本身就具有满足个体需要的价值[②]。当对道德的追求转变为学生的本能需要时，道德知识会产生无穷的动力，践行道德会成为一种精神的享受。

① 卡尔·雅斯贝尔斯．什么是教育[M]．童可依，译．北京：生活·读书·新知三联书店，2021：5.

② 鲁洁．试论德育之个体享用性功能[J]．教育研究，1994(6)：46.

（二）功能化的道德动机

知识化的道德教育在使学生懂得什么是道德知识、如何表现道德行为的同时，也使学生拥有了如何利用道德知识与道德行为更好地为自己服务的能力。当善行的目的是实现某种用途，道德就具有了外在功能，道德行为就演化成“表演的道德”或“算计的道德”。与此同时，道德知识的外在客观性表明，知识并非内在于主体，学校进行道德教育，将外在于人的知识强加给个体，它不是个体内在成长的必需品，而是个体实现自身价值的附属品。当学校对道德的评估停留于纸笔测验时，训练就“接管”了教育，学生经过考前的训练，知识便以完整、有条理的体系被学生牢记。可问题在于：熟知往往并不等于真知，考试只能了解学生对道德知识的掌握情况，它并不能检验出学生真实的道德水平。因此，当遇到真实的道德场景，学生会优先从理性的利己角度而非道德的立场对实际情况进行判断，然后确定是否采取措施或采取何种措施。学校道德教育被分为知识与行为两个互不关联的维度，个体可以拥有丰富的道德知识，但不一定有道德行为。但道德的目的不是我们表面的秩序，因而，不是通过强制来制造出“道德化”的行动，而是要让其成为个体的内在需要，并使个体在道德的行动中获得一种内在的安宁[①]。当道德成为内心追求与个人信仰时，道德行为才能变得纯粹与自然。

道德学习的最终目标是让个体“过一种有道德的生活”，它指向个体生活的充盈与生命的完满，然而，功能化的道德教育让学生学会了察言观色，学会了在全景场域中隐藏自己的本真想法实现个体化的目标而最终形成一种扭曲的道德观。只有摆脱了受压迫状态进而达到意志的自由状态时，个体才能以一种平和而非抵抗的心态体验与接受道德，才能产生个体出于本能的道德行为。

① 吕寿伟，柴楠．道德，还是伦理：教师道德时代困境的精神哲学探究[J]．南京社会科学，2021(4)：158.

（三）“空心化”的道德情感

道德是面向他者的情感交流，是涉及“对象”的交往活动。学校中功利化的竞争与功能化的学习动机不仅使同学之间的关系可能恶化，还可能导致个体同理心缺失，它使学生在追求知识的过程中可能失去了原有的淳朴善良。道德教育在对外在之物的追求中遗失了本心，无论是卢梭提出的“怜悯心”，还是孟子“四心说”中的“恻隐之心”，无不表明在面对他者时，个体的同理心是走近他者的必经之路。为了与他人产生情感共鸣，个体须将自己的过往经历产生的感受与他者所涉足的情境关联起来，从而走近他者。通常情况下，言语安慰很少能让事情变好，使事情变好的往往是双方情感上的联结。同理心使个体主动放弃自己的主体地位而首先看向他者，作为主体的我暂时地忘记自己，他者此时被视为我的世界的中心，主体与他者便拥有了联系的纽带并取得互相信任、互相理解。此时的同理心不等于同情心，二者的区别在于：表达同情者始终站在被同情者的上位，以一种居高临下的关心态度表达对不幸者的怜悯，而同理心是个体主动降低自己高人一等的意识，主动站在他者同一的位置，设身处地为他人考虑，不存在强者对弱者的同情，而是二者之间的感同身受。道德教育需要培养的首先是学生对他者设身处地的换位思考与共情能力，其次才是对道德知识的理解，毕竟教育首先是一个精神成长的过程，其次才是科学获知的过程①。

除此以外，道德教育也需要个体怀有对道德知识发自内心的信仰与敬畏。虔敬之心是一切教育的实质。若没有对绝对事物的热情，人就无法生存，一切也都将失去意义②。道德的学习更是如此，对道德的敬畏之心是对道德知识进行内化的前提。康德说，有两样东西，人们越是经常持久地对之凝神思索，它们就越是使内心充满常新而日增的惊奇和敬畏：我头上

① 卡尔·雅斯贝尔斯．什么是教育[M]．童可依，译．北京：生活·读书·新知三联书店，2021：192.

② 卡尔·雅斯贝尔斯．什么是教育[M]．童可依，译．北京：生活·读书·新知三联书店，2021：44.

的星空和我心中的道德律[1]。对于学生，一般来说，除了校园环境对其有强制的道德要求外，社会生活对个体的道德约束力弱，法律作为最低限度的道德仅能起到规范行为作用，其目的只是告诫学生做事的底线。因此，现实生活中对道德的遵循绝对不是依靠他者的巡视与监督，而是出于个体内在的自觉、心向往之的意志。对道德的虔敬之心使个体对道德知识产生认同，使个体内心对道德情感产生共鸣从而生发出“不得不做”的意愿，它是个体表现道德行为的不竭动力。

无论是功利化的道德意识、功能化的道德教育还是“空心化”的道德情感，知识化的道德教育向我们展现的是：理性是人的本质，理性是衡量一切是非曲直的标尺。不可否认，理性在知识获取、促进科学发展等方面发挥了重要作用，可是，当对理性的追求走向极端时，尤其是当理性演变为科学理性、技术理性时，它便不再是作为灵魂护佑和精神启蒙的理性，而是作为一种“工具”凌驾于生活世界之上，并斩断了个体与真实生活场景的联系，最终走向“身”与“心”的分裂和对立。在梅洛—庞蒂看来，人首先是以身体的方式而不是以意识的方式和世界打交道的，身体是融合身心统一的切入点、媒介和通道[2]。虽然对道德知识的理性之思对促进个体的德性养成具有奠基性，但将道德知识停留于意识层面的反复操练而抛开具体的道德场景与个体的“当下”体验，必然会使脱离身体的道德教育成为无源之水、无根之木，道德将注定无法入脑入心。而道德教育要想摆脱纯粹抽象思维训练的教学方式，就意味着个体需要对道德知识进行追根溯源，即所谓的现象学还原，个体需要回溯到意识产生的根源，使意识从形而上学的高处落到现实的生活世界当中。生活世界中，人之“在”首先表现为身体的存在，身体是连接个体与外部世界的桥梁，人要认识世界意味着个体必须通过身体与世界打交道。意识是由身体的视觉、听觉、触觉等感官获取的感性材料在身体的联觉作用下统合而成，因为与触觉的原始

---

① 康德.实践理性批判[M].邓晓芒，译.北京：人民出版社，2003：220.

② 杨晓.让“身体”回到教学[J].全球教育展望，2015(2)：5.

性相比，其他不同的感觉（如情感、喜悦、悲伤等）则是弥漫于周身之中而非定位化于身体的某个部位的[1]，身体是认识世界的起点。教育回归“以人为本”，意味着教育要关注主体在教育活动中的地位，唤醒个体的主体意识。从身体的视角出发，重新审视道德教育，为解决道德教育知识化的困境提供可行的思路。

① 胡万年．身体和体知：具身心智范式哲学基础研究［M］．北京：北京师范大学出版社，2020：55.

第二节　艺术教育的知识化

《义务教育艺术课程标准（2022版）》（后面简称“艺术课标”或“课标”）将“以美育人”确立为艺术教育的核心理念，将审美教育、情操教育与心灵教育规定为艺术课程的核心任务。该课标所倡导的艺术教育是“素养本位”的教育，本真的艺术教育应“以美育人”为价值理想，致力于对学生审美素养、艺术实践素养与人文素养的培育。不过，在历史上，学校艺术教育一旦偏离了其应然价值和本真性理想，就会呈现出课程设置狭隘化、表现形式技术化和评价方式测量化的现实问题，走向“无美之教”的知识化桎梏，具体表现为目的上的实用主义、内容上的主智主义和过程上的工具主义。

一、艺术教育的素养指向

素养与知识之间具有密切的关系，课标中对核心素养的强调需要重新审视艺术教学中艺术知识的育人价值。艺术课程应具有审美性、情感性、实践性、创造性、人文性等特点，并聚焦于“审美感知”“艺术表现”“创意实践”“文化理解”等核心素养[1]，力图建构起艺术课程与核心素养之间的内在关联，最终促使艺术教育回归对学生审美素养、艺术实践素养和人文素养的培育，实现艺术教育的应然价值。纯粹知识化的艺术教育无法完成对学生艺术素养的涵育，但素养本位的艺术教育又并非将艺术知识教学完全否决，而是将知识作为基础，深度挖掘艺术教育的本质价值，走向素养本位，实现“以美育人”的教育理想。

（一）审美素养的培养

艺术教育具有益智、辅德的作用，但“审美”才是其本质性规定，本真的艺术教育应聚焦于学生审美素养的生成，实现对人情感的陶冶和心灵的启迪，过分突出知识和技能的训练会使艺术教育丧失其本真的价值。审美素养是个体在审美经验基础上积累起来的审美素质涵养，主要由审美知识、审美能力和审美意识三要素组成[2]。课标将“审美感知”放置于核心素养的首要位置，审美感知是对自然美、社会美和艺术美的发现、感受、认识和反应能力，审美感知的培育是发掘艺术活动与艺术作品意义的重要条件，有助于丰富学生的审美经验、提高审美情趣，“审美感知”内置于“审美素养”的内涵中，二者相互交织，促进学生审美品格的生成。

审美知识的习得是审美素养发展的基础，艺术教育要注重对学生审美知识的涵养。虽然审美活动更多地要求学生的感性参与，强调人的主观感受与体验，但审美活动有意义地进行必定离不开艺术知识的支撑，欣赏、理解一件伟大的艺术作品，对其背景、结构、风格的认知是能否真正品鉴该作品的前提，而这些维度属于审美知识。学生在进行艺术创作的过程中同样需要必要的审美知识的积淀，以帮助学生进入审美状态，增强审美体验感。相反，缺少审美知识支持的艺术活动是盲目审美与纯粹直观的体

① 中华人民共和国教育部．义务教育艺术课程标准（2022年版）[S]．北京：北京师范大学出版社，2022：5-6.

② 杜卫．论审美素养及其培养[J]．教育研究，2014（11）：24.

现。可见，知识与素养不是同一事物，也不是非此即彼的关系，审美知识对发展审美素养具有重要的基础性作用。

审美素养发展的核心是审美能力。卢梭曾提出，有了审美的能力，一个人的心灵就能在不知不觉中接受各种美的观念[①]。审美能力是进行审美活动必需的心理素质。当欣赏艺术作品时，艺术形式与内容带给我们直觉上的美感离不开审美能力，这是对审美对象的整体观照。审美能力的发展意味着审美主体的欣赏能力、表现能力与创造能力的建构。费尔巴哈曾说，如果你对于音乐没有欣赏力，没有感情，那么你听到最美的音乐，也只是像听到耳边吹过的风或者脚下流过的水一样[②]。审美欣赏活动的进行离不开审美能力的作用。表现性与创造性是审美能力的关键。艺术教育要为学生提供个性化审美活动的机会，鼓励学生培养自由的审美表现与审美创造，助推学生审美能力的真正提高。

审美素养的发展还离不开审美意识的培养。审美意识是一种审美的价值观念形态，在审美过程中起着意义规范和价值评判的重要作用[③]。审美意识具有个性化、情感化等特征，关系到审美主体对美的对象的选择与评价，以及对美的价值判断与审美境界的探求。在审美活动中，审美意识不仅影响着审美态度，还影响着审美主体能否与艺术作品产生情感共鸣。在审美意识的作用下，艺术的鉴赏带给我们以美感的浸润、心灵的撞击与审美的愉悦，个人将内化的美的元素与自我世界经验相联结，提高审美体验感与审美趣味性。在艺术教育的过程中，教师要注意为学生提供优秀的艺术作品以供欣赏，并给予学生充分的审美自由，引导学生健康的审美趣味的开发，形成积极的审美理想，最终促进学生审美素养的提高。

① 卢梭.爱弥儿[M].李平沤，译.北京：商务印书馆，2019：611.

② 北京大学哲学系美学教研室.西方美学家论美和美感[M].北京：商务印书馆，1980：211.

③ 杜卫.论审美素养及其培养[J].教育研究，2014(11)：28.

（二）艺术实践素养的建构

艺术教育对学生的培养若只停留在艺术理论知识与专业技能层面，那便倒向了知识化的教育模式。“知是行之始”，只有通过艺术教育不断提高学生的艺术实践能力、艺术行为表现力，将艺术知识不断活化和应用，才能促进艺术教育本真目的的实现。艺术具有实践性与操作性。艺术教育要围绕“欣赏、表现、创造、联系/融合”四类艺术实践活动，来培养学生的艺术实践素养。课标强调核心素养的育人价值，其中“艺术表现、创意实践”体现出了艺术的实践性以及学生的艺术表现力、创造力的重要性。艺术实践能力不断提高的同时能够提升学生自我的审美情趣、审美理想，加强与生活实际的联系，发现生活中更多的美，创造出独特的艺术形式，体现出个性化的艺术行为。

“艺术表现”是艺术实践素养的主要内涵之一。在艺术活动中，艺术表现是创造艺术形象、表达思想情感、展现艺术美感的实践能力。理论层面的艺术知识与技能只有运用于艺术表现活动中，才能真正被学生掌握和内化，并在自我表现过程中实现艺术技能技巧的个性化转换，这样学生才是艺术教育中的“亲历者”。各种活泼的艺术形式的表现均要求学生能够发挥想象力，选择合适的表现手法，运用恰当的表现媒介与艺术语言，将灵感与思想融于艺术作品，寻求艺术作品与他者情感的交流与思想的共鸣。艺术表现力是艺术行为产生的必备能力，是艺术活动的核心，艺术教育要锻炼学生的艺术思维能力和艺术表现力，培养他们对艺术美的热爱与欣赏态度。

“创意实践”是艺术实践过程中激发自由的创作灵感，综合其他学科知识，运用创新思维进行艺术创造的能力。艺术教育家罗恩菲德强调艺术教育对于学生创造力培养的重要意义。真正的艺术不可复制，艺术教育也不是塑造同质的学生，艺术教育活动蕴含着生命力与创造力，是面对人进行的开放式与自由性的教育形式，以培养具有个性与创造性的主体。不同的学生“画一只猫”，没有一幅画是完全相同的，因为艺术自身蕴含着创新的气质。人转向艺术时，就进入创造活动的实验室①。艺术教育为学生营造出可以自由发挥的空间，为他们的艺术创造提供开放的环境，学生将头脑中的形式外化为具有美感的独特的艺术形象，不断提高创新意识与动手实践能力，回归艺术育人的本质价值。

艺术实践素养的涵养同时离不开与生活的联系以及对生活美的挖掘与加工。学生的生活不会局限于学校，艺术教育的影响也不会只发生在课堂中。学生利用艺术课程中习得的艺术知识与技能结合自我思考，联系日常生活经验，挖掘生活中蕴含的美的因素，不断丰富自我的艺术观念与实践方式，建构个性的艺术表现手法与创作形式。学生以艺术思考与动手实践为依托，养成独特的艺术气质与审美素养，艺术教育可以实现其价值的最大化。

（三）人文素养的涵育

科学教育教学生“做事”，人文教育则教学生“做人”，人文教育关注人的尊严与价值，追问存在的意义。艺术教育对“知识”与“技术”的过分追求，使人们更多地以“实用性”来审视艺术以及艺术教育的价值，会忘了艺术教育作为人文教育的重要形式所具有的人文价值。艺术教育只有回归“美”“艺”“人”“文”，才能回归其内在的育人价值。艺术课标将“文化理解”作为核心素养之一，文化理解是对特定文化情境中艺术作品人文内涵的感悟、领会、阐释能力②，明确了艺术活动与艺术作品中蕴含的人文内涵对学生形成正确文化认同感的影响。人文素养主要包括人文知识与人文精神，知识是基础，人文精神是灵魂所在。从人文立场出发，反思艺术教育可以通过艺术对文化的传承与创新，进而培养学生的文化理想与人文精神，追求生命的价值与存在的意义。

---

① 列·斯托洛维奇．审美价值的本质[M]．凌继尧，译．北京：中国社会科学出版社，1984：200.

② 中华人民共和国教育部．义务教育艺术课程标准（2022年版）[S]．北京：北京师范大学出版社，2022：6.

艺术教育以“文化姿态”培养学生的文化理想，走出片面的知识层面和技术化窠臼。艺术自身包含着文化的意蕴，不同的国家、民族秉持多样化的艺术理念，形成丰富多彩的艺术形象。我国现在的艺术教育将中华优秀传统文化、革命文化以及社会主义先进文化融入艺术课程与校园文化建设，强化艺术的文化色彩。学生通过感悟艺术活动与艺术作品蕴含的文化内涵，领悟艺术对文化发展具备的独特价值，在这个过程中形成明晰的文化理想与独特的艺术素养。艺术教育担当人类的心灵使者，在培育、呵护人的文化理想方面，具有不可替代的价值①。

艺术教育以艺术之崇高性促进学生人文精神的成长，学生作为“人”的生命姿态与存在价值在艺术的熏陶下逐渐显现。艺术的本质是美，它对我们的存在而言，是一种无遮蔽的理想之境，能够将我们带入美的世界，促进心灵的澄澈与通透，最终实现对自我生命的终极关怀。海德格尔提出美是存在本身发出的内在召唤②，尼采也声称只有审美的人生才值得一过，这均说明美的艺术对于人通向审美式存在的重要价值。艺术与审美活动是基于自身的情感、兴趣与审美对象之间的自由交往，这一交往过程中人是自由的存在。对于构成真正人的生存状态来说，是具有本体论意义的，它最终完成了对人的本体建构③。因此，基于艺术对学生人文精神的生成，艺术教育将学生导向人格的完善、审美的愉悦与诗意的栖居，以实现人文素养的涵育。

二、艺术教育的知识化困境

课标再次重申了“以美育人”的教育理想和“素养为本”的核心理

① 张菡.艺术教育的文化路向[J].教育研究与实验,2021(5):75.

② 海德格尔.林中路[M].孙周兴,译.上海:上海译文出版社,2004:43.

③ 王元骧.审美:现代人的自我拯救之道:对于美育现代意义的哲学思考[J].湖南社会科学,2005(4):15.

念，强调通过“艺术”实现对学生情感的陶冶、心灵的浸润和精神的成长。然而，在历史上，有的学校艺术教育价值异化，步入知识化的窠臼：一方面，艺术教育整体上演变为了艺术知识和技艺的训练，忽视了艺术对学生的情感、态度、价值观、感性思维、艺术实践和表现力等方面的影响，这是本末倒置；另一方面，艺术知识的教学本应是学生艺术素养养成的基础，但艺术知识真正的智性价值在功利化价值导向下丧失了本义，成了纯粹符号化的文本和枯燥的技艺。如果学生积累艺术知识、操练艺术技能是为了在艺术课程考核中取得好成绩、在艺术比赛中取得好名次而为自己增添优秀的标签，那么艺术知识教学本身就异化为实用化教育：艺术教育不仅没有借助艺术完成对学生的精神启迪，反而以削足适履的方式塑造着缺乏个性的“艺术技工”，造成艺术教育“以美育人”的价值失落。

纵览历史，我们发现，艺术教育的知识化困境具体表现在课程设置的狭隘化、表现形式的技术化、评价方式的测量化。

（一）课程设置的狭隘化

“聚焦核心素养，组织课程内容”是艺术课标强调的核心，但知识作为课程核心的理念一直以来在教育实践中根深蒂固，导致本应以素养为本的艺术教育走向了以知识为本。知识化的艺术课程设置是狭隘的，同时体现在艺术课程内容的局限与课时安排的不足。

艺术课标提出艺术课程内容除了音乐和美术，还包括舞蹈、戏剧（含戏曲）与影视（含数字媒体艺术）等，“新三科”的加入更新了艺术课程的内容，它们取代了过去的综合艺术课程，丰富的课程内容旨在呈现出艺术全面的“美”，以充实学生对艺术的感受、认知、欣赏与体验。但是，在历史上，中小学艺术课程以音乐课和美术课为主要形式，有限的艺术课程遗落了艺术之“美”的丰富性而走向偏狭。艺术课标要求艺术课程应具备科学性与系统性，做好课程一体化设置与学段衔接工作。在历史上，中小学艺术课程的教育并未完全体现出这种连续性与进阶性，八年级及以上的艺术课程也不完全开设。学生的认知、情感等方面随年龄增长逐渐成熟，中小学艺术课程的开设却不能较好地适应他们的身心发展水平，如低学段开设的艺术课程未体现一定的游戏性与活动性，而高学段开设的课程内容单一，不利于他们艺术品位和个性的进一步形成。

此外，在历史上，艺术教育的课时安排出现问题，使得艺术之“美”退化为学校教育体系的点缀。在20世纪末，艺术教育被有些中小学教师视为“副科”，相应地，学校课程资源和时间分配不断向“主科”倾斜，学校不仅不能足时足量地开设艺术课程，而且有限的艺术课程也经常被“主科”教师占用。作为“副科”的艺术教学并未真正承担起“以美育人”的责任，在很大程度上，有的老师、家长甚至学生将艺术科目视为调节性的娱乐休闲课程，试图通过艺术课堂放松紧绷的学习神经。

《义务教育课程方案（2022年版）》明确规定了艺术课程要贯穿一至九年级，且九年总课时比例在9%～11%[①]。这一规定有效纠正了艺术课程设置方面出现的问题，对艺术课程的健康发展起到保障作用。

（二）表现形式的技术化

艺术课标申明艺术教育要通过形象的力量和美的境界来提升学生的审美素养和人文素养，纯粹的艺术知识和技能无法代替美的形象与境界实现对学生素养的培育，素养本位的以美育人思想完全超越单一知识教学和技能操练的理念。艺术知识和技能虽然是学生艺术表现力的重要体现，艺术课标也强调通过将知识、技能嵌入艺术实践活动来强化学生对知识技能的深入理解并提升创造性与综合能力。对此，张玉能先生说，没有创造美和艺术的技能、技艺、技巧的审美者和艺术家只能是纸上谈兵的空头审美者和艺术家[②]。

---

① 中华人民共和国教育部.义务教育课程方案(2022年版)[S].北京:北京师范大学出版社,2022:9.

② 张玉能.实践转向与审美教育:创美美育与人的自由全面发展[J].甘肃社会科学,2012(6):41.

扎实的艺术技法是学生创作好作品的条件之一，我们不能否认让学生学习相关艺术基础知识与技能的必要性，如管弦乐的乐团成员需要了解如何调乐器、如何识谱、如何演奏乐器以及如何在指挥下一起演奏等[1]，尤其是某些领域的专业知识和技能是必须教授的。但是，这并不意味着传授知识和技能是艺术教育的首要目标，从而使艺术教育失去“艺”的色彩。

艺术课标明确指出：艺术教学要超越零散的知识与技能，实现从知识、技能的掌握到意义建构的发展，提升综合解决问题的能力。然而，在历史上，艺术教育一度呈现出技术化的倾向。教师在教学过程中过分强调学生对艺术知识和技能的掌握程度以及在艺术表现时的技巧使用水平，将艺术内涵的价值性、情感性与精神性排除在外，使得艺术教育流于外在的形式，“无美之教”成了当时学校艺术教育的常态。艺术教育的技术化倾向具体表现有课堂教学热衷技术、课外活动炫耀技术、教研活动崇尚技术[2]。

在艺术教育中，艺术教学一度被默认为“技法教学”，课堂成了技术训练的场所，有的教师热衷于向学生传授艺术表现所需的知识和技能，将促进学生熟练掌握艺术技能视为首要目标。因此，有的学生被塑造为“艺术技工”，其艺术表现体现出模式化与统一化的特征，抹杀了独特的情感表达与艺术创造。

在课外艺术活动中，习得的技能一度成了炫耀的资本，通过“炫技”在艺术比赛中博人眼球，如绘画简化为一套固定的程序，而舞蹈表演中高难度翻转等动作成了“加分”项。在如此的艺术理念与氛围中，一些学生似乎只对掌握相关的艺术技术感兴趣，将它们视为展现自我亮点和优越之处的手段。

相较于艺术本身，技术化的艺术更注重外在形式，而真正的艺术是人观照自身、反映实在生活的一种路径，艺术的相关知识和技能只是再现艺术中思想与情感的外在条件，并非根本。因此，教师应教学生从内心出

① 凯瑟琳·埃尔金.论艺术教育的意义与价值[J].洪瑞祥，译.清华大学教育研究，2022(1)：2.

② 郭声健，邓茜.让艺术教育回归“以美育人”本位[J].课程·教材·教法，2019(10)：91.

发，去欣赏、去创作，正视艺术技能的作用，才能享受艺术带来的审美愉悦之感。

（三）评价方式的测量化

《义务教育课程方案（2022年版）》将“核心素养”视为课程与学业质量的内核，相应地，艺术课标提出，教学评价要坚持“素养导向”“以学促评”“多主体评价”，重视“表现性评价”，围绕艺术学习的实践性、体验性、创造性等特点，不仅要关注学生艺术知识与技能的获得，更要注重考查学生的必备品格、价值观念以及关键能力的形成，捕捉学生的真实表现与进步。因此，艺术教育评价应追求工具性与人文性融合的好教育衡量方式①。

但是，有的学校艺术教育一度追求工具性的标准化测评，侧重于对学生艺术知识、技能掌握情况的考察，其中知识测验、艺术考级、艺术比赛成了评判学生的主要途径，以“打分数”“排名次”的方式对学生的艺术性养成予以评估，将客观的量化数据等同于学生的艺术素养。

一方面，知识测验注重考查学生对艺术基础理论知识的掌握，认为分数的高低代表学生的审美水平。虽然艺术知识与技能的学习必不可少，但艺术美的本质是一种内在的精神体验，并不能简化为可测量的客观知识。因为无论是艺术素养、综合能力，抑或艺术创作呈现出的内在价值，均无法以“打分”的方式来衡量。这要求教师多关注学生的日常表现、了解他们的个性品质，以挖掘他们艺术表现中的闪光点。

另一方面，艺术考级作为量化评价的重要方式，使人们普遍地将等级看作能力的象征。然而，在比赛中获得高的等级并不意味着学生必然具备了艺术素养、形成了艺术品格。相反，等级考试可能使有的学生在对外在形式的追求中遗忘了艺术学习的初衷，同时使艺术教育可能拘泥于量化的评价标准，对测量结果的高期待反而弱化了艺术教育的精神价值。

① 阴露华.批判与超越：警惕标准化测验对好教育的误读：基于比斯塔教育测量思想的省思[J].当代教育科学，2021(4)：30.

纵览历史，我们发现，艺术教育的量化测评常常忽视学生的主体性与创造性，标准化的测量评价常常将学生变成“单向度的人”，剥夺了学生艺术创作的自由，艺术作品蕴含的个人思想与情感无法被表达。

在艺术教育的润泽下，拥有不同经验的学生主体对美的艺术能够生发不同的感悟，学生艺术创作的差异性恰恰体现出了艺术的独特性，因此，多元化评价是对学生、对艺术、对教育的尊重。而被量化的艺术教育丧失了本真价值，并消解了艺术的美与人的主体性，致使“无美之教”在艺术教育中愈演愈烈。艺术的价值主要表现在其自身的审美价值，艺术教育的价值则要通过提高学生的艺术审美素养来体现，因而艺术教育评价要以审美价值的追寻为旨归①。

三、知识化困境的价值反思

学校艺术教育在功利思维的影响下逐渐被异化，会远离艺术课标提倡的“精神高度、文化内涵、艺术价值统一”的理念。在历史上，艺术教育受到升学主义的束缚，在教育的目的、内容、过程等层面倒向功利化的窠臼，它重视结果、追求回报，却忽视过程，推崇理性而抑制感性，重视有用性而忽视体验性，在目的上是实用主义的，在内容上是主智主义的，在过程上又是工具主义的。艺术教育从“以美育人”到“无美之教”的价值降格，正是源于功利主义思维在艺术教育目的、内容和过程中的长期渗透，进而致使艺术教育知识化、艺术知识教学实用化等问题的显现。

（一）教育目的的实用主义导向

艺术教育旨在培养学生感受美、欣赏美和创造美的能力，现实的艺术教育却充满了浓厚的实用主义色彩。学习艺术不是为了内在性的精神涵养和文化陶冶，而是为了可见的利益和实用的目标。实用化的艺术教育将

① 乔正元.审美品格：艺术教育的应然追求[J].湖南师范大学教育科学学报，2009(6)：72.

“有用”与“占有”作为首要的考量因素，将有用性视为“真理性”的标准。这样的艺术教育不再对个体进行内在性的精神观照，相反，它不断在对实用性目标的追逐中驱逐审美价值、强化功利欲望，艺术教育内在的审美品格遭到贬黜，而外在的实用价值日益巩固。

实用主义逻辑下的艺术教育一度将“有用即真理”视为基本的价值信念，艺术教育放弃了“育人”“化人”“感人”的使命，成了学校考评中追求升学率与达标率的手段和学生逃离烦苦作业的渠道。于是，艺术教育逐渐非艺术化，艺术美的元素与教育本真的育人性不断被消解，甚至艺术学习本身也被视为浪费时间的无用之举。实用化的价值取向不可避免地使艺术教育陷于偏见与谬误。

然而，在更偏向精神的层面，教育给人带来的东西远高于实用主义和功利的经济增长①。艺术教育需要摒弃实用化的目的，重新使“艺术”“热情”与“精神”之间发生链接。真正的艺术凝聚着创作者的心血和情感，蕴含着人类的思想、创造性以及对现实生活的体验。正如罗丹所言，艺术……是创作者在自身灵魂深度和激情参与的情况下对现实世界进行抽象、浓缩、加工而形成艺术真实的过程和成果②。艺术教育应当揭示艺术作品所蕴含的思想与情感，促使学生与之产生共情，真正提升学生的审美与人文素养。

（二）教育内容的主智主义情结

“主智主义”在科学技术高速发展、工具理性膨胀的时代背景中产生，是以近代赫尔巴特教育思想为代表的教育思潮。20世纪出现了可以测量智力的量表——比奈—西蒙智力量表，以及心理学家威尔海姆·斯特恩提出的“智商”概念，人们逐渐将“高智商”作为评判学生是否优秀的标准。

---

① 史蒂芬·平克.当下的启蒙：为理性、科学、人文主义和进步辩护[M].侯新智，欧阳明亮，魏薇，译.杭州：浙江人民出版社，2019：255.

② 葛赛尔.罗丹艺术论：插图本[M].傅雷，译；傅敏，编.北京：中国社会科学出版社，1999：8.

主智主义教育一度强调教学过程中传授科学知识与发展人的理性的重要性，学校教育整体偏向知识教育，升学逻辑支持下的应试教育正是践行主智主义理念的产物。功利观念辐射至艺术教育领域中，不仅表现在艺术教育不受人们重视，更表现在艺术教学中突出艺术知识内容的传授，将艺术教材视为硬性标准，忽视对学生的创造性、感知力等的培养；同时，学生艺术需求的多样性被遗忘，艺术与学生日常生活的关联性被弱化。

PISA（国际学生评估项目）测试是主智教育的表现。PISA 用来测试基础教育中的学生是否掌握社会生活所需的知识和技能，注重对学生在数学、语言、阅读三方面能力的考察，却并未将学生在艺术、体育等方面的素养考核纳入评估体系。

主智主义情结下的艺术教育失去了艺术自身的独特价值，对学生未起到美的熏陶，存在的只是艺术知识的堆积和技能的操练。雅斯贝尔斯曾说，教育首先是一个精神成长的过程，其次才是科学获知的过程①。艺术课标强调艺术课程的审美性、人文性、实践性等特征，这不是单一的艺术知识能够取代的。真正的艺术教育不仅要在知识层面进行，更要发挥艺术独特的育人价值。

（三）教育过程的工具主义思维

工具理性突出行动的目的与手段相分离，整个教育过程被工具化，教育手段变成了目的。有的学校教育在工具理性的支配下，曾经特别重视科学知识的技术性和工具性价值，将对知识的追求视为终极目的，迫使学生专注于知识记忆和技能操练，这恰恰湮灭了知识学习本身的内在意义。

在工具主义的牢笼中，对艺术的工具性价值的过分追求丧失了艺术本身的情感性与精神性。一方面，艺术教育被视为教育场域中的点缀性存在，成了以协调教育整体而加入的“美育元素”。就是说，艺术教育真正起到的是装饰教育系统的工具作用。另一方面，艺术教育过程的“目的—

① 卡尔·雅斯贝尔斯.什么是教育[M].童可依，译.上海：生活·读书·新知三联书店，2021：29-30.

工具”性突出。人们一旦将艺术视为服务于外在目的的工具，习得艺术知识和技能成了艺术学习的终极目的，试图通过对艺术知识的积累和艺术技能的训练来掌握一门艺术，让学生获得一门才艺以增加日后成功的机会，可能就会忽略艺术对学生内在的育人价值。

艺术教育过程中渗透的工具主义思维，无论对美的艺术、好的教育抑或作为主体的人都是一种内在价值的消解，实则指向作为手段的过程与功利性的结果。艺术的审美品格与无利害性被工具性替代，艺术教育自身独特的育人价值被装饰性所湮没。作为主体的学生不仅未受到艺术教育的熏染，欣赏艺术带来的审美愉悦感也会最终消失。

总的来看，艺术教育目的的实用主义导向重视外在目标的完成、轻视人的内在的培养；艺术教育内容的主智主义情结重视艺术知识技能的传授与灌输而忽视心灵与精神的教化；教育过程的工具主义思维重视艺术作为手段及其装饰功能、遗忘艺术本身对人的陶冶作用。教育目的、内容和过程的异化会使艺术的内在含蕴与学生的精神成长在艺术教育不断知识化的过程中遭到贬黜。

我们如何思考知识在相当程度上影响着我们如何思考教育[①]。因此，艺术教育意欲实现“以美育人”的价值理想，需要教育工作者厘清知识教育的本质意义，转变“唯知识论”“知识至上”等固化思维，发挥知识教学自身的应然价值。艺术课标明确规定了艺术教育的课程性质与育人理念，将核心素养的培养视为艺术教育育人价值的核心。艺术教育应以艺术课标的育人理念为指引，回归艺术与艺术教育对学生的审美素养的培养，实现艺术实践素养的涵育以及人文素养的构建，真正促进学生的全面成长。

① 瞿葆奎.教育学文集：第6卷 智育[M].北京：人民教育出版社，1993：62.

第三节　学校教育整体性的知识转向

在过去的20余年间，“学习”一词在教育研究、教育政策和教育实践中越来越成为流行的概念，“教学”一词的地位有所下降，格特·比斯塔（Gert Biesta）将这种现象称为“教育学习化”（learnification）。在“学习化”浪潮之下，“教育话语”逐渐向“学习话语”转变，教育被描述为学习经验或学习机会的提供，教师的角色只是为学生提供学习资源，而学习被视为是值得向往、不可避免和不得不做的事情。这种学习理念未将教学场域中知识与人的整体性关系给予合理的审视，因为教师与学生的责任并不在于知识的授受，更在于以价值性、生命的立场去追求具有育人内涵的意义存在。

“学习化”浪潮的形成，导致学生对知识习得的意义没有置归于自身，而是投射到更多有用的和功利的外在目的之上，如好大学、高文凭、高收入的需求上，学习结果带来的巨大收益诱导着学生通过不停的学习来满足内心的欲望。然而，以“学习效果”的测量为标志的“有效教学”，是否值得追求？“学习”是否必然有益？

学习化浪潮造就了无处不在的“学习话语”，它一方面阻碍着教学过程中的主体行动的发挥，另一方面通过对教学目标的“预测”和“设计”而规避教育可能面临的“风险”。与此同时，对“预期结果”的追逐使教学成为强制性的和同质性的，会不断挤压着学生个性的发展，具体表现为教学活动中的知识成为外在于人的客观存在，师生在面对知识时缺乏创造的能动性，对知识的认识只停留于记忆与理解的浅显层面，教育中的人因此受到了这种异化关系的钳制而难以促成生命的发展。教育不应该被窄化为“学习”，而要看到教学促成个体精神的内在开放之可能性，正视教学过程中存在的多层面的不确定性。教育需要发现教学的真正价值，以实现教学的超越性，生成与他者共在的教育愿景。

一、教育性教学的价值定位

学校不只是供学生学习的一个场所，它有属于自身的道德环境要求，所以需要教育性的教学来发挥作用，个体的学习无法替代“教”和“育”。教育作为一种实践性活动，教学活动展开的前提是师生拥有自我意识，并以完整的生命站在彼此的立场上参与其中，将客观知识之外的人文性智识带入教育之境。教学并不是教师面对多个孤立学生而发生的众多“教—学”关系的叠加，而是教师和学生在一起，将个人化的学习活动置于他人之中①。课堂作为师生共同成长的场域，知识的教与学必然是个性化的，不是只有“教”或“学”为中心的单向选择，知识的意义恰恰体现在师生的交流与沟通之中，当学生能从教师的教学中汲取营养并内化为生命成长的动力，教师能从学生的不同思考结果中发现有价值的东西，课堂就会因此萌发新的生长点。

（一）让教学在价值上归于人的解放

工具化的知识教学可以“生产”出具备知识和技能的群体，却难以形成具有独特个性、被人呼唤、发起行动并负责的主体。虽然教师和学生在教学场域中的存在方式不同，但他们主体价值的实现均需通过教学对话来

① 格特·比斯塔.重新发现教学[M].赵康，译.北京：北京师范大学出版社，2021：68-69.

实现。去教育性的知识教学限制着教学过程中师生的交往，同时也限制着学生主体性的生成。因为它没有意识到学生无法单独依靠自身而发展出自己的主体性，而是需要教师引导，教学在一定程度上就是教师以某种方式促成创造人的主体性的过程[①]，是指向人的解放的过程。

“解放”首先要求学生以个体身份进入与他者共在的教育世界，在其中，教师为学生创造以自身独特方式进入世界的可能性，促进学生有意识地追求自我生命的可能存在样态。教学也因而在这种多元、开放、超越的过程中实现价值上的回归。这种回归对教育复杂性、教育价值等规范性问题的思考固然会让教育过程变得无法预料，甚至会导向失败，从而使教育始终面临种种“风险”，但它以开放之姿态去唤醒学生、促成个体的主体化，并最终指向人性的自由，学生在收获成长的同时也意味着教育指向了一种作为“人的解放”。

人的解放伴随着主体的解放逻辑，即当出现一种力量阻碍人们对他们自己的社会条件拥有一个准确理解时，此时权利主体以外的人就要将这种解放性知识提供给我们以追求自由[②]。这种解放逻辑下的教育形式包括“独白式”与“对话式”：前者依赖于教师与学生之间知识掌握多少的不对等，教师教学的目的在于将原本无知的学生培养成为另一个版本的自己，学生的学习任务是可复制的；后者是师生合作探索压迫结构的过程，教师的任务在于中断学生可复制性知识的学习，转而创设问题情景，引发对话帮助学生建立起与世界的联系，使得学生能够对此做出回应。

上述两种理性主义逻辑下的教育解放形式最终都要寻求确定性的知识，依赖于权力主体以外的人。福柯（Michel Foucault）的“越界”实践哲学为无须“强式”学习的解放打开了新的视角——知识与权力共在[③]。

① 格特·比斯塔.教育的美丽风险[M].赵康，译.北京：北京师范大学出版社，2018：30.

② 格特·比斯塔.重新发现教学[M].赵康，译.北京：北京师范大学出版社，2021：7.

③ 简成熙.教育评价时代的危机与Biesta的教育美丽冒险[J].湖南师范大学教育科学学报，2019(1)：73.

解放的目的在于使我们远离定势思维，让我们意识到学习是教学的可能性之一。福柯的教育解放观促使我们开始看到学习以外的存在，跳脱出教师的教学只能作为辅助参与学生的自主学习过程的观念，个体生命也能通过经验感知、社会参与而变得充盈。

教学回归到教育的视野则让我们以“事件化”的路径超越学习，真正敞开自我，对教育本身、教育的要素及其关系拥有多元化的理解[①]。教育中不止有学习一种存在，学习也不止有固有的客观知识，还有教学促成的个体精神开放性的人文智识。

（二）让课堂在方式上回到“教”的引领

在比斯塔看来，教育是通过交流而运行的，是一个共享、共建意义的过程。杜威的实用主义哲学为教育的“交流”提供了一种理解路径，师生在相同的教育情境中基于共同的教育目的，却产生了不同的思想与情感，而每一种思想情感都是值得被回应和相互理解的，所有参与者通过充分而自由的交流激发出新的灵感。这意味着课堂交流不是简单的“发出—接受”模式，不局限于概念性的知识习得过程，而是通过双方的积极互动和参与来引导事物的意义呈现，从而使交流趋于开放与不确定性，兼具促生性和创造性。

学校教育的整体性的知识转向，使课堂成为“向教师学”的过程，而非“被教师教”的过程，比斯塔认为这两个概念之间有着本质的区分：前者是学生把教师视为即时获取知识的学习资源，以控制的姿态，自主学习已经存在的知识，但是把教师提供的知识带入自己的理解范围及建构方法之中，对知识意义的解释超越不了有限的程式建构；而后者，“被教师教”的教学方式让我们意识到教学和学习是非对称的结构，涉及思维方式、社会认知和生命经验的差异，此时教师之教带来的是顿悟的艺术，将不同于一般科学知识的“困难知识”从外界触及学生。

① 格特·比斯塔.教育的美丽风险[M].赵康，译.北京：北京师范大学出版社，2018：108.

然而，比斯塔不是提议“向教师学”不重要，而是强调资源型教师向激励启发型教师转换的必要性。教师作为和学生共同感受生命的体验者，对学生的学习方式、学习习惯的养成起着重要的引导作用。教师存在意义的转变从根本上打破了教师主导作用的传统认知，从而为教学注入新鲜的血液。教学方式和内容的多样性并不必然导致学生的消极学习，如果教师关注到自己提的问题、学生的需要和反馈，教师的“教”和学生的“学”就是非静止的状态。当学生对教师的“教”内化于心，重新建构知识意义时，此时“教”转为“学”；当教师从与学生的对话中收获启示时，“学”则变成“教”。这种互相融合的“教”与“学”，有益于师生一同建构出不同于普通知识的人文性智识，而且它不是从固有的知识中推敲出来的。这种转变才能真正指向育人价值和素养本位的教育追求，学生才能作为主体对学习做出个人的思考，进而行动。

克尔凯郭尔（Kierkegaard）所描述的“启示”，也帮助我们认识到教学之于学习而言是必要的，教学超越了确定性的知识，以“润物细无声”的育人之道向学生呈现出具有判断力的智识。“启示”不仅意味着教师给学习者一些他/她不曾拥有过的知识，而更重要的是给他/她辨认真理为真理的条件①，这种知识是将既定的知识作为教学的出发点，重视引导学生对主体意识和内在价值的把握，触发学生情感、思维、道德和心智等多方面的生长点。师生间非对称的结构，不是知识掌握多少的不对等，而是人生体验和思考认知上的差异，这正是一种学生“被教”的过程。在生命和世界的本质面前，教师与学生同在探索真理的过程中进行精神互动，教学就是将未知的事物带入课堂，让学生对客观知识以外的人文性智识产生顿悟，是一种纯然的求知。

真实的教学情境总是处于变动之中，若以强势的姿态去控制教学，将复杂的教学活动简化为一系列的程序活动，我们的生命就不能获得真正成长的机会。教师要努力消解学生对知识的机械学习，“传授”知识在传统

① 格特·比斯塔.教育的美丽风险[M].赵康，译.北京：北京师范大学出版社，2018：75.

语义中往往暗含着权威性的、确定性的知识观。当我们把教学视为延续生命意义、精神交往的活动之时，师生进入相异的世界，就能够获得决定我们行动方向的他者回应。“教”的复归对教育“学习化”倾向的反拨，使我们意识到自己生活在多样的世界中，只有在与他者的相遇中，我们才能丰富生命体验，实现与他人、社会和自然的互动。

（三）让教师在“风险”中成就主体的“新生”

消费模式下“定制”的知识化学习重视预设的结果，却常常忽视其中的“风险”，甚至将有“风险”的教育视为不完美的教育而加以抵制。然而，正是这种“风险”使学生在接受教育的过程中能够学到规划之外的知识、得到各种意外收获，同时这种风险赋予了教师在没有任何预设的条件下对未来的不确定性要求学生回应。教育的这种不完美是一种客观的存在，我们所需要的是正视教育的种种“风险”，并相信这种“风险”的教育力量。我们需要准确把握教育关系特殊性的“教育话语”，而非依据“学习话语”将其理解为供给与消费的关系。重建教育话语，要求正视教育中的“风险”，并信任教育之“风险”，这样的教学让学生在风险中面临自我持存的困境，承担起自我成长的责任，最终在与他者的教学交往中实现主体的生成。

这种主体性出现在个体于特定情境中承担责任的事件中。责任并非预设结果，因此这是一种不可知的责任，教师的责任就是承担起通过追问学生的生命意义难题来保持学生的主体性责任①，从而让学生意识到自己是独特的、唯一的存在。在这种责任中，某人向“我”发出呼唤，让“我”意识到：“我”是在众多他者中被挑选出来的，“我”被赋予的责任义不容辞。只有“我”做出回应，主体性才能显现。

教育要引导学生作为独特的个体“进入世界”。在这个世界上，我与

① 格特·比斯塔.超越人本主义教育：与他者共存[M].赵康，译.北京：北京师范大学出版社，2020：30.

他者能否“共生”取决于我如何对待他者[①]。教师在教学过程中所做的是面对学生的呼唤有所回应，不要让学生丧失可以言说的机会。教师对学生的具体行为做出具体言说，是对每个学生的独特性和创造性的保护，同时也承担起了他者的责任。他者性教学交往指向他者并为了他者的交往，正是他者在教学交往中的中心地位使责任成为他者性教学交往的核心范畴，为他者就是承担对他者的责任[②]。学生与教师之间的对话交往中，教师给予学生以他者身份自由言说的机会，学生的发声也得到教师的应答，学生意识到自己在教师心中是颇具分量的，这样双向的对话将为课堂教学提供多样性视角。

教育为主体入场创造了可能，而这个过程是教师在与学生的交往和对话中不断发现自身和世界的过程，感知自身存在的前提则是对学生持有伦理上承认与尊重的态度，在如此的良性交往中，师生关系得以延展为成就他者的共生体。

二、教育“学习化”浪潮的形成

随着实证科学的扩张，教育领域日益形成了以测量、循证为代表的证据文化，基于这种文化，教育相关的讨论被建立在事实信息之上。测量文化的优势在于它能够超越教育主体的主观臆测，从而使教育结果更具科学性。但是对客观证据的过度依赖让有的人盲目地把数据当作衡量教育有效性的唯一标准，相应地，学校教育的任务被视为“学习结果”的高效生产[③]。这种以绩效为重的教育，目的在于实现学习效果的最大化，即关注学生知识的掌握程度及教师传授知识的效率。学习行为与学习结果联结作用的夸大，使课堂不再是师生共同体验生命成长的场域，而是追求结果和

① 冯建军.他者性教育：超越教育的同一性[J].教育研究，2021(9)：20.

② 柴楠.面向他者的教学交往[M].北京：人民出版社，2017：214.

③ 格特·比斯塔.教育的美丽风险[M].赵康，译.北京：北京师范大学出版社，2018：8.

效率的“赛场”。比斯塔将这种现象称为教育“学习化”，“学习化”使教育场域中“教育话语”被“学习话语”替代，并使课堂中双向的师生交流日益演变为单向的知识学习。

在教育“学习化”的理念下，片面强调学生的知识掌握与智能提升，并将此视为知识教学的整体目的，而教师的主要任务被定位为辅助学生学习和掌握知识的外在手段。这种“学习”主要指向自主的知识学习，但是其价值局限于智能发展，久而久之会忽视教育性的教学。

（一）“学习化”浪潮的缘起

“学习化”理念的蔓延就此揭开了“教育话语”的嬗变，并进一步影响到教学实践，最终使“学习化”成为一种时代性的浪潮。“学习化”浪潮的产生并非特定计划的产物，它不是源于某项政策的规定，而是有着时代性的根源。

“学习话语”的兴起首先源于教育的市场化和产业化。成人为提高学历和就业素养而参与非正规学习，无论是多样化的知识获得形式，还是丰富的学习内容，在很大程度上都使学习变成了关乎人力资本发展的个人义务。而基础教育阶段的学生为提高学力水平而激烈竞争，家校双方不得不聚焦于学习行为与学习成果的正向增长，努力为学生寻求更多的学习资源。这种服务和消费的经济关系对教育的重新定位，使得学习的地位不断提升，从而使“学习话语”在教育研究和学校实践中日益流行。

学生中心的新教学理论的广泛应用也在一定程度上改变着学习的风向。从20世纪50—60年代人本主义教学观的兴起开始，学习的重要性超过了教学。以罗杰斯（Carl R.Rogers）为代表的学者提出了以“促进者”代替传统意义上教师角色的观点，全力营造出促进学生学习的氛围，为学生提供多种学习资源。再到风靡教育领域的建构主义理论，“学生”和“学习”都被置于教育的首要位置。建构主义视角的脚手架教学理论，强调以学生为主体，教师则要责无旁贷地为学生完成各项学习任务而提供必要的支持。虽然学生主体的学习模式有利于发挥学生的能动作用，但是教师对学生学习的支持和正面引导作用被低估和被弱化。

总之，外在的经济因素和蓬勃兴起的学习理论等因素共同导致了“学习话语”的形成。强势的“学习话语”对人们的教育观念以及教育行为都产生了不同程度的影响，成为“学习化”浪潮的最初力量。

（二）“学习化”浪潮的发展动力

教育“学习化”，不仅依赖于“学习话语”的“泛滥”，更通过与“测量文化”的“联姻”来进行自我强化。现代教育开辟了测量评价的时代，它以科学主义为指向、以实证主义为理论、以测量为手段，追求绩效的量化和精确性，用绩效衡量评价的结果，增强评价的事实依据和科学性，坚信凡是存在的东西都有数量、凡是有数量的东西都可测量的评价哲学①。教育测量的目的在于推动教育的科学化，而基于这种测量文化的“循证教育”被视为教育科学化的新阶段。“循证”作为一种方法论在20世纪末进入了社会科学领域，按照循证理念，教育必须基于严格的科学证据，教师在教育过程中必须将专业智慧与最有效的经验证据整合起来采取教学决策。这种以循证导向的教育实践重视证据的科学性，并在此基础上展开有效的干预以达到教育的结果，从而能够在一定程度上有效解决教育教学实践的问题。

循证强调因果逻辑，测量则重视结果绩效，沿着这种循证教育和测量文化的路径，“高效”自然成为教育实践的终极目标，人们重视的是学习所带来的实际收益，而非教育对人内在精神的滋养。基于教育“学习化”的因果论证逻辑，有人认为，“好教育”的标准就是教育行为的输入与学习结果的输出的完美匹配。为了获得成功的教育，教育过程不得不被限制在可控的范围内，通常利用各种测验结果和预设的成绩指标来衡量教学是否合格、学习是否达标。这种以绩效为重的教育，目的在于实现学习效果

① 杨彩菊，周志刚. 西方教育评价思想嬗变历程分析[J]. 国家教育行政学院学报，2013(5)：52.

的最大化，在这一过程中，教师作为提供学习资源的存在，没有深入参与课堂。

教育“学习化”对预期结果的执着使其不断用“学习话语”弱化教育的规范品性，忽视对教育目的或意义等原初问题的思考。“学习化”刻意追求教学过程的确定性，将既定知识当作教学的出发点，“学习”意味着从书本中或者课堂上累积经验和客观知识。也就是说，基于测量文化的“学习话语”所追求的效率本质上是以“知识”为目的和对象的效率。更为关键的是，这一过程中知识的边界正在被封闭，因为课堂缺少师生间的良性交往，有限的知识无法打破固有的认知，学生无法体悟到教师的“教”带来的开放的、意义生成的经验与智慧。低限度的学习看似引导学生寻找着最有价值的知识，实则使他们远离了个人的生活情境，把知识视为提升学习效率的工具，当成外在于认知主体的存在，还以一系列外在的考核标准限制着学生将知识内化于心。这样不但造成知识与学生主体之间被约化为工具性关系，还使得教师忽略了探索知识潜藏的生命意义，即丰富学生的内心世界。“学习话语”以有界的思维使我们习惯于接受已有的知识，并把它们当成绝对的真理，从而束缚精神。师生如果过分追求知识的工具性价值，就会造成知识对其现实生活意义关怀的缺失。

（三）“学习化”的历史表征

“学习化”浪潮过度强调“学”对“教”的约束性，仅仅把“教”视为支撑学习的辅助手段，并利用各种显性数据来证明“教”的有效性。复杂的教学活动演变为“为了达成最佳学习效果的、模式化的程序活动”。这种精细化的教学流程最终使“教”走向强行一致的“普罗克拉斯提斯之床”，教师则从讲台上的教学智者转为概念术语的提供者，其价值停留在外显的层面，并对知识的内在价值造成遮蔽，弱化学生对知识的真正把握。这种角色转变掩盖了教师之为教师的完整价值和真正使命。

“学习化”浪潮提出把学生成就的全部责任放在教师的肩上，暗示着学生只是愿意接受干预的对象，而不是承担起自己的责任、成为思考以及行动的主体。为了构成一种有效性的教育，教师课堂教学的目标和内容不得不局限于传授确定性知识，把学生带入固定答案之老路。

在“学习化”浪潮中，教师始终将“学习中心”奉为圭臬，因为学习中心意味着学生们必须建构他们自己的洞察力、理解和知识，而他们的老师不能为他们做这些①。人们从对“讲授”范式和“学习”范式的误解中得到常识：“讲授”范式是教师对学生的单向知识灌输；“学习”范式是教师作为学生学习的辅助者，提高学生对知识的掌握程度。

教育的“学习化”漠视了教师教学的目标导向对学生知识习得完整机制的正向引导作用，从长期来看是不利于学生发展的。当学生自主学习的自由不受限制、教师对学生的学习目的缺乏适当指导时，学生的学习行为就容易偏离教学目标，这样缺乏教育性的掌握知识的活动很可能空洞且没有内涵，师生关系难以获得延伸、难以感受彼此心灵的交流。

三、“学习化”的三种隐忧

教育的“学习化”，一方面让我们追随社会的脚步而走得更远，另一方面让我们要以一种谨慎的态度看待强势的“学习话语”的支配力量。下面分析这种流行的观念为教学带来的隐忧，并提出相应的解决办法。

（一）主体的消亡

现代人为什么愿意费尽心力让子女到学校接受教育？原因很多，包括但不限于以下三种：通过教育，让子女具备参与特定活动资格的知识、技能等；通过教育，让子女成为特定社会和政治秩序中的合格成员，让个人符合社会秩序，成为其中的一部分；通过教育，让子女成为独立的主体。比斯塔将教育的三重价值分别概括为资格化、社会化和主体化，任何教育

① 格特·比斯塔.教育的美丽风险[M].赵康，译.北京：北京师范大学出版社，2018：67.

实践都将侧重影响三个领域之一，教学是在三种维度之间寻求平衡的艺术，教学实践的展开要综合考量这三种要素。教育的“学习化”倾向会使得教育侧重结果和效率，重视直观数据显示的绩效成绩而支持资格化和社会化，轻视主体化的生成。然而，“主体化”对于教育有特殊的意义。教育通过“主体化”让学生获得秩序之外的主体性，也就是说，主体化不但促成资格化和社会化的发展，而且允许学生成为独立的思想者、实践者。主体化的实现赋予了个体表达独特自我的权利，从而使教育同时成为一种解放的力量。

什么是主体？主体如何彰显自身？

虽然数据可以反映出学生学习的一些成就，但是主体化包含的非智力因素难以通过标准测量评价来评定，因为数字不能完全反映学生思想发展的动态过程。比斯塔认为，相较于探究“主体是什么”，不如以一种“存在”的方式来思考问题，从而在“行动”中完成对作为独特“存在”的主体的辨认。

根据阿伦特（H.Arendt）的行动理论，“行动”只有发生在公共领域他者在场的境况之中，个体的生命才有延续的意义，人类事务的整个事实世界要获得它的真实性和持续存在，首先要依靠他人的在场，他们的看、听和记忆[①]。只有个体和他者的协力行动，才会给世界带来新事物，“我”不仅经历了行动的过程，也遭遇着行动的结果，该结果取决于他者如何回应“我”的主动性。

行动能力区别于“积极生活”的另外两种方式：劳动和工作。劳动是将生活视为维持生命的过程，而工作是致力于改变环境，建造持久性的对象世界。行动本身就是目的，意味着自由。行动成功的条件建立在多元性之上，包括尊重他者。教育实践指向的是人与人的相遇与成长，这一点和行动是相通的。教育应该注重学生主体性的培养和精神的涵养，以学习结果为导向的教育一定程度上能够通过数据反映教育质量，满足教育评价的

① 汉娜·阿伦特.人的境况[M].王寅丽，译.上海：上海人民出版社，2009：69.

可操作需求，但将分数作为教育追求的唯一目的，可能会忽略学生的道德品性、心理状况等。

学生知识习得的意义除了体现在技能和内容方面，更重要的是让学生在教育活动中获得一种状态，引导学生体悟知识存在的内在价值[1]，激发学生产生丰富的情感体验。

教学行动是主体的交往性实践活动[2]，教师和学生在知识的道路上共同探险，在互动的过程中师生关系和生生关系得以延展。师生之间、生生之间是作为主体的平等交往，应当互相理解和沟通。真正有益的师生关系是于精神情感交流中生成的，教师引领学生探索学习意义的过程也是教师自我生成的过程，这不只是一种知识共生，也是超越了客观知识领域、一种与他者同在的精神共生。教师作为课堂中的智者，思考最高深和普遍性的问题，因此他教育孩子们选择严肃而恰当的人生道路……他首先考虑的并不让孩子们成为不能经风雨的瓶花，而是和孩子们一道去从自己生命的痛苦中去探究生命和世界本质[3]。

教育内在地需要主体性，但主体性只有在人与人相遇之时才能显现。教学作为一种师生的相遇、对话和交往的行动，意味着课堂上总会有一些预设状况之外的“风险”发生。当我们能够直面这些“风险”、尊重他者的差异性时，教育会真正促成主体的实现和成长。如雅思贝尔斯所言，教育正是借助于个人的存在将个体带入全体……如果人与一个更明朗、更充实的世界合为一体的话，人就能够真正成为他自己[4]。

（二）风险的规避

教育的“学习化”，通常要求教育的每一环节要严格按照预设的目标

① 魏同玉，徐文彬．论知识构成及其对知识教学的启示[J]．电化教育研究，2021(3)：96.

② 刘炎欣，修丽萍．论基于“行动”的教育实践何以可能[J]．重庆工商大学学报(社会科学版)：2023(3)：141.

③ 卡尔·雅斯贝尔斯．什么是教育[M]．邹进，译．北京：生活·读书·新知三联书店，1991：34-35.

④ 卡尔·雅斯贝尔斯．什么是教育[M]．邹进，译．北京：生活·读书·新知三联书店，1991：54.

推进，尽可能让教育安全地运行，保持低容错率，以形成对未来生活的保障。这种逻辑框架下的教育，学生被要求去努力达成既定的教育目标，考出优异的成绩，否则将被视为教育的遗憾和失败。让教育变得强大、安全而可预测，而且想让教育在各个层面都不存在风险①。尽管我们在教育中常常持有这种规避"风险"的心态，但教育活动是通过人与人之间的交往动态生成的过程，因此，参与教育便必然蕴含风险，而教育的价值就是在"风险"中实现的。

在教育过程中，学生应以敞开自我、敢于承担"风险"的心态与他者实现对话交往。当这种"风险"被完全消灭时，学生就会被动成长。教师处于一个规避风险和牵涉学习"结果"的大环境下，选择数据绩效为重的预期结果自然优于课堂教学的意外收获。教师实施定向教学，学生成了"听话者"而非"对话者"，有些观点未经深入思考就成为学生心目中的"既定真理"，会抑制学生创新性思维的涌现。

教育中的"风险"就像加缪眼中的西西弗，尽管巨石随时都有滚落的风险，可是西西弗能看清本质，直面风险，每天不懈地推动巨石。教学的过程亦是如此，它必然包含开放性与不确定性。教师与学生的交流远非一个简单的"传授到接受"的单向过程，而是意义引导、产生、再建构的过程。课堂上学生对某一问题的思考做出不同的理解，此时教师就可以根据学生的回应再做说明和引导，甚至创造超出原有答案的内容。

教育若完全消灭"风险"而只剩下师生间基于客观知识的交往，便失去了教育中人的主体性的培养。如果教师的作用局限于传授有限的学科知识，师生关系简化为课堂上短暂的知识存取关系，那么，在探索真理的道路上，他们不能互相照亮彼此，不能构成真正作为存在的交往，也就不能实现教育"生起一团火焰"的价值。一言以蔽之，通过积极的师生交往互动，实现教师乐教，学生乐学，教学共生的目标，达成师生彼此的成全②。

① 格特·比斯塔.教育的美丽风险[M].赵康，译.北京：北京师范大学出版社，2018：8.

② 刘楠，姜正国.教学共生：基于雅斯贝尔斯的教育交往观[J].当代教育论坛，2013(3)：83.

（三）个性的挤压

如果说，教育放弃了对“风险”的承担，仅仅按照“预设目标—完成目标”的路径去培养学生，那么这种同质化的教育会使教育远离生命的独特性。好的教育愿意承担学生在生成、对话中走向世界的“风险”，并在对“风险”承担中实现生命的构建。如果教育培养人才的过程就像工业生产的流水线一样整齐划一，那么，“生产”出来的学生虽然达到了“数字标准”，却难以具备“独特的气质”。

强制、单一的教学模式是一种依靠外在约束力的定式教学方法，它远离了师生在知识获得、共情能力乃至心灵上有所触动的应然状态。教师按照固定的教学设计开展教学，这样的课堂教学价值是以教师线性地输出既定知识与学生被动接受的关系为基础来衡量的。尽管对教学流程的强势把控可确保学生成为预期的样子，但在一定程度上禁锢着学生生命丰富的发展样态，挫伤个体激发潜能的积极性，泯灭了学生创造、批判、质疑的精神。模式化教学下学生与知识的联系不是鲜活的，知识甚至远离了学生自己的生活情境。

教育尊重生命，就意味着要关注到存在于社会、群体关系中的每个鲜活、具体的生命。教育“学习化”却为了达成某种外在目的，而将教学异化为提升知识授受效率的手段。学生因受到外在功利目的的约束和诱导，而不能在所处的关系中做出自己的选择，而是被迫服从学习计划，从而也就无法促成独特个性的教育养成。

对每个个体来说，教育的本真价值应是去探寻独特生命成长的可能，逾越“为学习而学习”的边界。人们学有所得，并不是当他们能够复制、重现已然存在之物时，而是当他们对于所不熟悉、有差异、有挑战性、有困扰性之物的回应之时①，这样教育才能形成对每个主体的独特回应。

① 格特·比斯塔．超越人本主义教育：与他者共存[M]．赵康，译．北京：北京师范大学出版社，2020：69.

教育要承担起应有的“风险”，哪怕这些“风险”是不可预测的，但是教育的价值要求教师能主动担当起这样沉甸甸的责任，唯有这样一个沉甸甸的责任，才会有指向未来、指向世界、指向人的“解放”。在教育工作者实践之时，应有意识地尊重教学中的差异，帮助学生在教育中找到自我，让每个人都成为独特的自己。

本章小结

在历史上，学校教育通过教育的“知识化”而完成了向“知识教育”的转变，学校德育教育、艺术教育转向“知识教育”的过程尤其令人关注。学校教育整体性的知识转向，过分追求“知识化”，甚至投入“学习化”浪潮中，但是忽视了人的精神教育，因而需要加强知识教育的伦理守望。

正确认识教育中的“知识”，还“知识教育”以德智体美劳全面发展，这正是当代教育界同仁努力践行的育人目的。

第三章　功利化：知识教育的伦理困境

本章导读

当一切学科的教学都以“知识”的形式展开时，“知识”便成为学校教育的核心内容。在历史上，围绕“知识”的教学，出现过不少问题，如：教师对所教的内容固定化、模式化，而不太关注自身对知识的创新性理解以及与现实生活的联系性；教学内容细化成一个个具体的知识点，把这些零散的知识点教给学生记忆背诵，导致学生在对知识的理智、情感、审美等价值的学习上存在明显不足。

学校教育“知识化”的根源在于学校教育整体性的功利主义的价值取向，功利化问题是“知识教育”诸多问题之中的根本问题。在这种功利化的氛围之下，学生真正关注的是如何能够通过今天的努力赢取明天的成功，而不是精神生命的绽放。

第一节　现代学校教育的价值博弈

学校教育从传统向现代转变，在此教育变革的过程中，推行新式的理念以及颁布教育的法案。学校积极而主动地承接与落实国家政策，收集和采纳个体意见，形成主流的价值观；但是，由于传统的惯性，特别是受功利化思维的影响，部分学校的教育改革实际效果并不理想。

一、学校教育的主流价值：孕育个体完整的生命

教育的现代化归根结底就是人的现代化，而对于人的解读必然是从人的全面发展的视角来看，这就需要教育注重生命各方面品质的协调发展，把握好生命发展的完整性，做到培根、铸魂、启智、润心，构建出立体的全人教育体系，培育出完整的人。

（一）自然生命的教育

人是教育的出发点，而完整的人的发展必然是精神与身体相统一的。在一些人看来，自然生命仅仅意味着人之物理构成，它只是个体精神的载体，并没有注意到身体的心智性和心智的具身性。

学校是鲜活而灵动的生命场域，这就要求学校教育必须做好孩子们的

身心养护工作。可是，有的学生处于“亚健康”的状态，在校期间只顾埋头苦读，不注重锻炼身体。对于学生而言，分数不是教育的全部内容，拥有好的身体素质才是一生健康幸福的基础，是个体全面成长中不可或缺的组成部分。

体育的真义在育“体”，“体”即“身”，“身”为“心”之基，所以，体育则由“体”及“心”，渗透在整个生命之中，是身心统一的教育[①]。体育作为“五育”（德、智、体、美、劳）之一，在育人的过程中起着不可或缺的作用，体育不只是帮助学生强健体魄，同时也可以发展学生智力、培养思维、使学生身心协调。唯有如此，才能让学生在接受教育的过程中获得健康成长。

（二）精神生命的教育

帕斯卡尔（Blaise Pascal）曾说，人犹如芦苇，极其脆弱，一口气、一滴水都能使其毁灭，但人却是一支能够思想的芦苇[②]。人的精神生命是高于自然生命的存在，表现为个体的完美人格。人之所以伟大，人之所以高贵，正是在于人的内在精神。因此，完整的人是内在与外在相协调、知识和道德相统一的人。

在传统教育理念中，塑造知识人是一个根深蒂固的教育信条[③]。这一信条深深地影响着教育实践活动的方方面面，它把求知看作是个体成长的唯一助力，也成了“育人”过程中的唯一任务，从而颠倒了知识和人之间的关系。

知识如果被赋予过高的地位，就会孕育危机。诚如鲁洁教授所言，为了知识，人们忘却了自己，忘却了生活，甚至牺牲了自己和自己的生活……于是就产生了这样的结果：知识得到之时，也是人自身、人的生活被

① 冯建军.生命与教育[M].北京:教育科学出版社,2004:224.

② 吕寿伟.从排斥到承认:通往有尊严的教育伦理生活[M].北京:教育科学出版社,2015:总序1.

③ 鲁洁.一个值得反思的教育信条:塑造知识人[J].教育研究,2004(6):3.

异化之时。这是教育的悲哀！[①]

知识的学习是教育的首要目标，却不是唯一的目标。2001年，国务院批准《基础教育课程改革纲要（试行）》，标志着我国新一轮基础课程改革的全面启动。在课程目标方面，反对过于注重知识传授，强调知识与技能、过程与方法、情感态度与价值观“三维”目标的达成。它打破了“抽象的人”在教育实践中的刻板印象——把“人”当作与客体相对立的独立主体，把“人”的发展看作是由遗传与环境这些不能由发展主体控制的因素相互作用的结果，强调教育对人的塑造作用[②]。学生对于知识的学习需要做到相应的“内化”与“吸收”，不能仅限于呆板记忆。

“立德树人”是党和政府针对“教育需要培育怎样的人”做出的明确要求。习近平总书记在2018年9月10日全国教育大会上明确了立德树人工作的要求和努力方向。2020年6月30日，中央全面深化改革委员会第十四次会议审议通过的《深化新时代教育评价改革总体方案》指出，教育评价事关教育发展方向，要全面贯彻党的教育方针，坚持社会主义办学方向，落实立德树人根本任务，遵循教育规律，系统推进教育评价改革，发展素质教育，培育德智体美劳全面发展的社会主义建设者和接班人[③]。

价值的塑造是一个系统的工程，是知、情、意、行的统一，其中知是基础，行是关键，情和意在知转化为行的过程中起到催化剂的作用。因此，在积累“道德知识”的基础上，需要注重学生“道德行动”的执行，行动才是德育的关键，这种由“内”向“外”的转化，才是做到真正的道德教育。

（三）社会生命的教育

完整的人需要的是个体内在和外在的协调发展，却又不限于此。如一

① 鲁洁.一个值得反思的教育信条：塑造知识人[J].教育研究，2004(6)：4.

② 叶澜.教育创新呼唤“具体个人”意识[J].素质教育大参考，2003(4)：7.

③ 本刊编辑部.深化新时代教育评价改革路径[J].人民教育，2020(21)：16.

个人拥有健康的身体、丰富的知识和高尚的道德，但是不能适应社会的发展，不能在社会上立足，那么即便其他方面很优秀，其生命价值也没有得到完整的体现，其生存也不一定会幸福。因此，完整的人的教育，除了涉及身体的养护和精神的培育之外，还涉及促进个体社会化的过程，具体包括生存的教育和理想生活的教育。

教育在促进个体发展的同时，要教其掌握一定的谋生技巧。教育促进身心的和谐发展，这是“成人”教育，而着眼于个体技能的训练，是“成才”教育，是为了满足个体谋生的需要。“成才”是“成人”的基础，而“成人”可以反哺“成才”。教育否定极端的功利主义倾向，却并不排斥在“成人”基础上的“成才”，因为生命不是孤立的、单个的存在，生命存在于关系之中，是一种关系性存在①。个体社会化的过程必然依托于不同的群体，拥有多种角色身份，生活于各种关系之中。这就使得教育要为个体的社会生活做好准备工作，只有如此，个体才能较好地融入生活，做好本职工作，承担起责任，过上幸福而快乐的生活。

理想生活是人生命追求的最高境界，是个体价值的体现，正因如此，生命才有温暖、有力量、有希望，才可成为全面发展的存在。个体在成长过程中需要理想的指引，需要有一个属于自己的中国梦，需要有除去生存之外的终极价值的关怀。如果没有理想的引领，人会缺乏信仰，容易失去方向，也就没了追求。理想生活的教育是启发和引导学生的精神生命，使其不仅在成长过程中拥有生存的智慧，也对生活充满希望。这就使得生命成长将不再是简单的模式，而是个体的自然生命、精神生命和社会生命的立体式交融发展。

二、学校教育的另类价值：培育学习上的成功者

受传统教育惯性和功利化思维的影响，有的学校对于教育的主流价值

① 冯建军.生命与教育[M].北京:教育科学出版社,2004:242.

不够重视,盲目信奉“教育就是力量”“教育就是解决一切问题的万能钥匙”等话语,并对这种力量陷入一种狂热的追求,把“竞争”视为生活的常态,于是教育活动始终“徘徊”于丰富人性的外围,被功利所阻隔,而不愿触及育人的“本真”,导致了教育“见物不见人”。为了培育出更多学习上的“成功者”,有的教师力图通过规训的力量,让教育尽可能地实现“输入”与“输出”的“完美”匹配,教学也只是一个追求与确保效率的过程,催生了一些教师对教育中“生产效率”的崇拜。

(一)目的上重“成事”

学校教育要培育学生的内在品质,既要针对人生关怀和人性提升而做出努力,又要传授学生以后能在社会上生存的本领。这是学校教育的两大职能。教师在教育实践过程中要合理地维持二者的平衡性,既不能培育出一无所长的“理想家”,又不能造就没有情感的“工具人”。

经济学家吴敬琏在序文《从精英教育到大众教育》中说,教育吸引了众多的眼球,对于教育来说,这应该是一件好事。但是,就如“眼球经济’如果不注意其内核的建设,很容易转眼就成为泡沫经济,“眼球教育”也同样孕育着危机[①]。教育的对象是人,个体成长中的不确定性也决定了教育的复杂性,这使得教育是一个缓慢、艰难、充满风险的过程。对于定位于培养“人”的教育目的来说,短期内难以取得成效,难以很好地贴合快速而高效的需求。为了尽可能让更多的人满意,有的学校的教育职能出现了“失衡”现象:“成事”的比重不断地扩大,“成人”的理想相对被弱化。功利化的教育在使人异化为功利的工具时,自身降格为工具的工具[②]。成事教育之所以备受关注和重视,是基于它对个体、社会甚至国家的功利性价值,教育容易在这种“肯定”的背景下越走越远,甚至淡忘了“成人”的理念,背离了“育人”的本真,最终陷入一种难以自拔的异化

① 熊丙奇.大学有问题[M].成都:天地出版社,2004:序1.

② 朱永新.科学发展观与中国教育改革[M].福州:福建教育出版社,2005:序2.

之境。

成事教育是以“事”为中心的教育，它消解了成人教育中的终极目的或价值，所注重的是学校教育中各种“事”的完成，把“事”作为目的，而“人”成为手段。成事教育以单一的、外在的、不丰富的标准来衡量学生发展的好坏，忽视了人的整全性存在，由结果上的成功掩盖了个体发展的片面化与畸形化。

成事教育以谋求外在标准上的“成功”为目的，可能导致教育价值与生命相疏离，从而丧失教育的生命本质：面向人的教育，最后却出现了“人”的“缺场”。

（二）方法上重“规训”

雅思贝斯曾说，教育必须遵循教化的精神，教化是生活的一种形式，其支柱乃是精神之修养和思想的能力，其范围乃是一种成系统的认识①。教化是在尊重个人自由的基础上促进个体的精神成长，以一种“润物细无声”的关怀方式开展教育工作。在这个意义上，教化可以让个体在教育实践中自由和自然地实现自我的优秀和卓越。

在历史上以应试为目的的教学实践中，为了寻求想要的结果，为了让教育尽可能地实现“输入”与“输出”的“完美”匹配，教师把学生看成被规训的客体，而不是能发起行动和承担责任的主体，教学也只是一个确保与追求效率的过程。为了构建一个良好的课堂秩序，有的教师对课堂的管理采用“一刀切”的控制方式，把整个教室的学生当成统一的整体，统一组织讨论、统一规划提问、统一安排课堂练习、统一留下自习时间等。这意味着学校的教育生活容易走向过度规则化和非人性化的道路。

在“规训”化教育中，有的教师做出的选择和规划会强行加给学生，学生需要服从指令。学习目标的拟定、学习内容的筛选、学习进程的安排、学习方法的获取与学习好坏的评价皆出于教师之手，教师以包办者的

① 雅思贝斯.时代的精神状况[M].王德峰，译.上海：上海译文出版社，2013：113.

姿态精心塑造着学生的成长。但事实上，这种包办式的教学方式会极大地抑制学生主动性的发展。教师以包办者角色的思考代替了学生的思考，使学生并没有成为学习过程中的主体而只是“旁观者”。

“规训”化教育充斥着追求效率的标准，划一地控制着学生学习的多样性，抑制了个体寻求自我存在的价值性和独特性追求。诚如田国秀教授所言，规训教育的目标是将人数字化、机械化和抽象化，消解人的感性，淡化人的性情，人在彼此的眼中和心里不再是具体、有血有肉的人，而是抽象的、规格化和标准化的原子。抽离了血肉与情感的原子，相互之间冷漠、疏离、孤独，不再有亲密感情，不再有彼此关照，不再互相感恩[①]。

人的发展是在活动中进行的，活动有两类：一类是自主活动，另一类是被迫活动[②]。叶澜教授曾指出，学生主动性发展的最高水平是能动、自觉地策划自身的发展，成为自己发展的主人，这是教育成功的重要标志[③]。

（三）内容上重“知识”

为了能为更多人带来学业上的“成功”，为了能在更短的时间内记住考试所需的大量知识，教师在教学实践中一度扮演“讲解者”的角色。如同巴西教育学家保罗·弗莱雷在《被压迫者教育学》一书中这样描述的师生关系：校内和校外任何层次的师生关系其基本特征就是讲解，这一关系包括讲解主体（教师）和耐心的倾听客体（学生）……他（教师）主要的任务就是向学生“灌输”他的讲解内容[④]。知识是那些自以为知识渊博的人赐予在他们看来一无所知的人的一种恩赐[⑤]。

---

① 田国秀.学校规训教育与人的物化[J].当代教育科学,2007(18):31.

② 冯建军.论个性化教育的理念[J].教育科学,2004(2):13.

③ 叶澜.“新基础教育”论:关于当代中国学校变革的探究与认识[M].北京:教育科学出版社,2006:222.

④ 弗莱雷.被压迫者教育学[M].顾建新,赵友华,何曙荣,译.上海:华东师范大学出版社,2014:35.

⑤ 弗莱雷.被压迫者教育学[M].顾建新,赵友华,何曙荣,译.上海:华东师范大学出版社,2014:36.

教师“讲解者”的角色致力于把书本上的知识搬运到学生的头脑中，知识的传授过分强调认知因素。“标准知识”的权威性和神圣性，使教师更倾向于把学生引向一种规范化理解。曾有一位老师问学生：“雪融化之后变成什么？”一名男孩抢答：“变成春天！”这个富有想象力又富有艺术性的答案却被老师判为零分。为了接近标准答案，教师忽略了学生的真实感受，它所呈现的内容不是启发学生思考的原材料，而是让学生记住大量的“标准知识”。这种标准化知识的教学，学生面对知识感受不到丝毫亲近与熟悉，更多的是疏远和陌生，只能以一种“顶礼膜拜”的心态去记忆知识、占有知识，成为知识的储存者①。于是，教育变成一种“储存”行为，好学生就是在课堂上认真听讲、记好笔记，能最大限度地复述与还原教师的思想。这样一来，学生的发展被局限在狭窄的空间之中，学生容易失去探究知识的兴趣，抑制了继续发展的动力。

确切来说，传授知识是学校教育必要的职责和任务，这毋庸置疑，但如果传授知识的目的过于功利化，纯粹的知识堆砌为完成外在的考核标准，那么这种忽视学生“成人”立场的教育容易走上“制器”的歧路，失去了“育人”的本真，不是真正意义上的教育。

三、两种价值的博弈

学校教育价值取向的双重性，其原因可对理想与现实之间的不同追求进行分析。一方面，从教育自身来看，教育理想必定是以“人”为本的教育，就像尼尔先生的夏山学校，秉承着自由发展的理念，“让学校适应学生”，抛弃所有的管训、指导、约束，以及一切道德训练和宗教教育。始终相信孩子生来就是聪明的、现实的，除去成年人的约束，孩子们就可以

① 冯建军.生命与教育[M].北京:教育科学出版社,2004:53.

尽可能地发展自己的潜能[①]。另一方面，拉回现实之中，家长们所偏爱的理想教育，希望学校能为孩子们的未来铺平道路，使他们可以较好地胜任工作、追求幸福的生活，这是一种相对狭隘的学校教育。这就使得教育的理想和现实会出现偏差。

（一）美好生活：学校教育的主流价值

从教育自身来考察教育，教育理想的建构，要以人性的完满性为引导，以体现人的完整性的具有功能统一性的现实生活世界为根基[②]，教育必须明确“育人”的根本任务，充分发挥个体的主观能动性和创造力，构建出美好的未来生活。这种重“成长”的教育追求符合教育的本质。面对未来，教育的目光应该长远，它激励人们从事有意义的活动、创造更美好生活，并赋予人在这个过程中的坚定信念和精神力量[③]。

从人的全面发展来理解教育，首先，学校教育要培育具备实践能力的人，1999 年《中共中央 国务院关于深化教育改革、全面推进素质教育的决定》中特别指出：实施素质教育就是要全面贯彻党的教育方针，以提高国民素质为宗旨，以培养学生的实践能力和创新能力为重点，造就一批有理想、有道德、有文化、有纪律的社会主义事业建设者和接班人。其次，学校教育需要培育出拥有独立人格的个体，通过教育，授予学生一定的文化知识，培育他们所需的技能和能力。其中关键是要培养学生具有改造社会和自我改造的能动性，并且这一能力，不能仅限于其自身的观念之中，而要通过具体的实践活动付于生活中。最后，教育需要贯彻落实解放人的理念，培养个体的创新精神。

对于教育来说，最为根本的是，它必须教人明确自身存在的意义，教

① 马克·沃恩.夏山学校的百年故事:献给当代的教师、校长和家长[M].沈兰,译.北京:教育科学出版社,2014:7.

② 尹艳秋.必要的乌托邦:教育理想的历史考察与建构[M].福州:福州教育出版社,2004:17.

③ 梁清.批判与扬弃:教育异化论[D].长春:东北师范大学,2006:60.

人寻求自身的价值，正如苏格拉底所认为的教育目的即在于通过认识自己达到获得知识，最终成为有智慧、有完善道德的人①。教育本来就是寻求人之终极存在的手段，并在践行这一终极性价值的过程中不断地深化对自身存在意义的思考。现代的国际组织也力图通过教育目的这一有力的“杠杆”来揭示和阐明新时期人们对教育价值的“新认识”。1948年联合国大会高票通过的《世界人权宣言》成为联合国的基本法之一，其中第二十条对教育目的的规定如下：教育的目的在于充分发展人的个性并加强对人权和基本自由的尊重。随后，多次对这一条款进行了反复的协商和探讨，经历了数十年的历史发展，其原先所定下的基调保留了下来，如“个性”“人权”等，这得到众多国家的认可，并且该条款成为评判各国教育是否与时代和国际接轨的标准。因此，现代学校教育的价值宣言就是为了满足个体的完善发展，迎接美好的生活。

（二）为了“成功”：学校教育的另类价值

如前面所述，教育目的的内涵是丰富的，但在历史上，教育所塑造出的常常是“单向度”发展的人。是什么造成教育目的在教育实践中的“缩水”和“肢解”？从全人类的视角来看，和平、自由、民主等教育理念是共同认可的，但是在吸纳不同国家和地区的教育目的时，必然会对此条款进行一系列的填充和调整，使其可以更好地适应本地的需求。这种“本土化”的操作会稀释条款原本的内核，也让它承受来自多方的牵引力，从而很难完全呈现出本真的意蕴。同时，各个“牵引力”在方向上并不是完全一致的，这些作用力之间常常存在相互抵消的现象，因此教育目的的内核即使是丰富、多元、宏大的，但是具体的教育活动往往无力完全达成这些目标，在具体的“适应性”的教育中，很难看到对培育全面发展的人的迫切性。

在社会中，个体为了得到人生旅程中的某个角色，就意味着需要同众

① 王天一，夏之莲，朱美玉．外国教育史：上册[M]．北京：北京师范大学出版社，2003：40.

多的竞争者进行竞争。随着社会的发展和学校人数的不断增多，人才选拔制度的门槛和苛刻程度持续走高，教育竞争的前移突出体现为学生的学习压力加大。成功的比率是既定的，而大部分将不断地被淘汰出去，成为教育的局外者①。这就迫使孩子们必须全身心地投入“竞争”。另外，教育资源的分配是有限的，为了能够使资源配置的收益最大化，常常会偏向那些成绩好的，这样会造成“好的更好，差的更差”的局面。在历史上，“成功”教育甚至使人成为“异化”的存在，一些竞争而落败的学生可能产生强烈的自卑感和挫败感，“失败者”的标签会深深地烙印在其内心，甚至伴随一生。

（三）“成功”取向无法避免

学校的教育目的从总体来看无外乎有两类：一类是追求教育的内在价值，另一类是根据外在的标准来评判教育的结果。但是，在历史上，教育实践常常背离了教育的本真目的。

为何“成功”教育能存在于学校中？吴康宁教授曾说，导致学校对学生发展不负责的症结……也不宜简单归结为校长和教师的职业道德问题，而是在于校长和教师对其切身利益的谋求②。有些学校的精力主要集中于如何又好又快地完成既定的目标，热衷于搬运和套用各种行之有效的“成功教学法”，久而久之，沉迷于“考试理性”的教师会缺少对学生的基本尊重，日常的教育活动体现不出人文关怀，学生明知道规训教育的缺陷，却还是“心甘情愿”往里走。“为了成功”成为教育主体之间的价值共谋，也形成了一个多方的合力，使得“成功”的教育代替了面向“人”的教育。

① 金生鈜.精英主义教育体制与重点学校[J].教育研究与实验，2000(4)：21.

② 吴康宁.为什么学校会对学生的发展不负责[J].教育研究，2007(12)：21.

第二节　学校教育的“成功”取向

真正的教育应该是一种充满“善”的教育，是指引人们走向美好生活的灯塔，让人明白“什么生活才是有意义的，才是值得过的，才是幸福的”。但是，一旦社会发展的需求主宰着教育的“命脉”、评判着教育的“生死”，教育“乐意”为现代社会的要求而“效劳”，愿意为社会的发展而提供所需的助推力，学校教育的“成功”取向占据主流，教育将人引向“完满”生活的愿景往往落空，从而导致一个奇怪的现象：人们所承认的“成功教育”和学者眼中的“教育成功”是相背离的。

一、“成功教育”的“有用性”目标

“成功教育”对“有用性”目标的追求可以归纳为其在现实生活中如何以一种“软弱”的姿态，力图尽可能地满足个体、学校、社会三个层面，以求让自己在其中可以获取实在的利益。

（一）“成功教育”追求个体的有用性目标

对于个体而言，受教育者把提升自己在社会竞争中的优势作为学习的重要目的之一，其实无可厚非，毕竟个体在接受教育时要付出大量的财

力、物力及精力，同时丧失了诸多的选择和一定的机会成本。因此，个人在受教育的过程中适度地学习一些谋生本领，从而得以自主、自立、自由地参与社会生活，这正是“好教育”应该做的，在“成人”和“成才”之间保持适度的平衡，体现出教育对个人和社会的意义。但是，个体在“有用性”目标的追求上容易走得太远，往往导致教育的两大功能出现“失衡”现象。

这种教育追求的是个体在现实生活中的“成功”，在学习和生活之中并不在意自己未来会成为什么样的人或者是想成为怎样的人，而关注的是现实生活利益的谋取。当顺应欲望而生活时，欲望要求最大限度地满足，节制、审慎、明智和适度等理性的生活德性就不再重要，人们不再认同普遍的道德善，建立在善基础上的道德理想不再可能①。个体对于教育价值的分辨，如果依据“有用”与“无用”来区分，就会导致教育自身的价值降格为个体追逐实利的工具。

（二）“成功教育”追求学校的有用性目标

有的学校为了体现出自身价值，不断向所谓的“成功学校”靠拢，“效率”“效益”“数量”等词语支配着教育的价值观，工厂生产式的思维贯穿着学校教育的整个过程。狭隘的功利价值追求会把学校教育中本该具备的人文精神和教化精神驱逐，这会妨碍学校教育的健康发展，造成类似“劣币驱逐良币”的效应，教育过程中的恶性“偏袒”使教育质量下降，加剧了学校教育中的“异化”程度。

在“有用性”目标的过度追逐这种状态下，学校教育难以对受教育者施加积极的影响，无法向受教育者揭示正确的生活价值理念，因此不能担任合格的引导者，不能指引学生通往一种有尊严的教育伦理生活。

① 金生鈜.规训与教化[M].北京：教育科学出版社，2004：205.

（三）“成功教育”追求社会的有用性目标

玛莎·努斯鲍姆在《告别功利：人文教育的忧思录》一书中，揭示美国、英国、印度的教育现状，表达出其对现代性教育发展的担心。她认为随着全球化的纵深发展，最为急迫与严峻的不是经济危机而是教育危机，因为经济危机是可意识的、可防范的，以及后果是较为可控的，但全球性的教育危机就像不可见的空气，早已在大多数人无意识的情况下融入我们的生活。各国及各国的教育制度都在拼命追求国家的利润[①]，国家为了填补各种现实问题的人才“空洞”，把教育充当“高级保姆”，培养出为社会发展效劳的人。这就使得人在其中只是“手段”，而非“目的”，教育为了寻求社会的承认，倾向于把人当作“工具”，忘了康德曾经所言：人是目的而不是手段。

在追求社会的“有用性”目标时，会导致“教育所探讨的核心就是围绕着社会发展的各种需求”而展开的，各国有意识地加强了“教育为经济发展服务”的功能。全球性的教育危机可以概括为两种教育的“相互抵触”：谋求利益的“成事”教育与培育完美个体的“成人”教育，各国政府把注意力过多地集中于“成事”教育。

教育本身是为了培育出具备健全人格的个体，而不是为了一味地适应经济发展的需要，“培养”出片面的、极端的、狭隘的、仅有某项特长的人。

二、“成功教育”的“自我性”考量

“成功教育”的“自我性”考量，力图塑造“现实人”，丧失了寻求另一种生活的可能性，失去了共同承担道德责任的义务性，最终抛弃了终极性理想的可贵性，培育的“个人”是一种“原子式的个人”。

① 玛莎·努斯鲍姆.告别功利：人文教育忧思录[M].肖聿，译.北京：新华出版社，2010：2.

(一)去价值性的工具理性

赫伯特·马尔库塞在《单向度的人——发达工业社会意识形态研究》一书中描绘出一个新型的极权主义社会:技术的进步使发达工业社会通过各种传播媒介实现对人的控制;技术的进步使发达工业社会可以让人们满足于眼前的物质需要而付出不再追求自由、不再想象另一种生活方式的代价……简言之,由于技术进步的作用,发达工业社会虽然是一个不自由的社会,但毕竟是一个舒舒服服和安然自得的不自由社会[①]。在马尔库塞看来,现代性社会试图架构一套精密而完整的制度来有效地控制着人的生存及实现人的幸福。工人和老板享受同样的电视节目,漫游同样的风景胜地,打字员同她雇主的女儿打扮得一样漂亮……[②]由于大家都分享着制度的好处,在一种"单薄"的自由与平等的名义下过着幸福的生活。因此,它造就了一批毫无批判精神和能力的个体。

于是,教育就从"理想"的束缚中解脱出来,不再想象另一种可能的生活方式,教育价值的简化让"成功教育"只需从"自我性"的角度来考量现实,工具理性的膨胀将人视为实现技术目的的人力物质。但是,人们并不排斥这一"物化"的手段,因为教育把机械的、静态的、顺从自然的和形象化的意识观内化为受教育者的"自觉",企图支配他们的思考和行动,让他们去适应这个世界,并抑制他们的创造力,进而达到限制其发展的目的[③]。换句话说,"成功教育"以一种"片面化"的价值来替代"整全性"的价值,并竭力让学生相信这是正确的,生命的意义遭到了严重削弱甚至遮蔽,教育并没有给人带来内在心灵上的敞开,反而使人沉溺于技术

---

① 马尔库塞.单向度的人:发达工业社会意识形态研究[M].刘继,译.上海:上海译文出版社,2014:220.

② 马尔库塞.单向度的人:发达工业社会意识形态研究[M].刘继,译.上海:上海译文出版社,2014:218.

③ 张中原,扈中平.教育人性化的三重遮蔽与敞明[J].华东师范大学学报(教育科学版),2015(2):4.

给生活带来种种便捷的欣喜中。

关于技术给人类发展所带来的影响，拉普曾坦言，人们宣布现代技术的积极成就时，必然会失去一些具有意义的价值，这就是为了肉体上的舒适和增强利用物质世界的能力而必须付出的代价①。不可否认的是，身处于飞速发展的社会中，教育必然带有较为强烈的工具主义色彩，理想的教育状况应该是工具性和人文性二者之间保持一个适度的张力，以确保受教育者既能较好地适应多变的环境又能使人顺利地成长。然而，有的人痴迷于教育的功利性价值，甘愿放弃教育的内在价值，形成了一股自下而上的合力，使教育对工具价值的过度追求有了一个合乎理性的支撑。所有以迅速获取实际利益为动机的专业和课程越来越受到教育者和受教育者的青睐，那些关于人生的意义和目的以及正确生活方式的教育已难有一席之地。教育的理想性与工具性之间的必要的张力遭到破坏，后者正逐步取代前者②。

（二）去公共性的自我关注

就教育自身而言，它所蕴含的公共属性对促进个体的发展具有重要作用，从而让受教育者可以葆有基本的公共性品格，以抵制各种功利性诱惑和非道德行为。“个人性”与“公共性”之间本身就不是一种彼竭我盈的对立存在，而是相辅相成、交相耦合的关系，因此，教育的公共性应该自始至终地贯穿于整个教育活动。

如果公共性长期缺席，就会导致非功利性土壤的消失，折射到现代教育领域，挑战、排挤、倾轧了教育的公共利益与公共价值，人们更多地将视野投向个人的狭小天地，努力促进个人利益的最大化……使得越来越多的人将教育狭隘地归结为利己主义的成功或扩大个人福祉的占有式工具③。

① 拉普．技术哲学导论[M]．沈阳：辽宁科学技术出版社，1986：136.

② 项贤明．教育过程中人的异化及其扬弃[J]．社会科学战线，1997(1)：250.

③ 冯永刚．教育的公共性意蕴及其当代拓展[J]．教育发展研究，2015(24)：6-7.

这是教育所不愿看到的。教育公共性的彰显，不仅是教育特性的一种时代变化，而且也是当代教育发展的一种新的价值诉求[①]。

然而，“成功教育”要实现不同教育主体的“有用性”目标，就要去除教育的公共性，以此避免以平等、公益、共享等公共价值唤醒被囚禁于自利窠臼中的人们。“成功教育”的这一“去公共性”举措，让教育仅从个人生存的维度出发，将人受教育的目的局限于个体对现实生活中快乐的追求，忽视了公共精神的培育，使人成为“原子化”的存在，禁锢了人的生命，淡化了人存在的价值。“成功教育”是一种降格和庸俗化的教育，让人走向自我封闭的教育。

“去公共性”的自我关注，会使个体缺失服务社会的部分，缺乏对公共责任的担当精神，缺少对他者的关注与思考，使个体的素质发展与时代和社会相脱节，成为一个自私自利的人。

（三）去终极性的世俗理想

教育缺失了终极性价值的指引，使个体在定义自我存在的价值和意义时，容易被眼前混乱的欲望诱引，欲望支配了人的灵魂，从而掩盖了自身的真实需要，忘却了人之为人的本质，不晓得什么是最值得过的生活。现代性的生活理想向着欲望的位移，意味着召唤“理想”的普遍性的价值结构不再重要，善不再是召唤人们的人生理想的普遍性事物，因为，善无法获得人们的普遍性的归属和认同[②]。人文关怀的缺失，使受教育者忘却了提升自己的德性与教养，在学习和生活之中，更多地活在自我关注之中，把自己的生命价值建立在对外在事物的追求之中，而不再注重自身的内在发展。

“谋功式”的个体，追求外在“有用性”的价值目标，专注于现实的自我利益，其理性只是服务于如何把个人的目标完成。理性的迷失和终极

① 张茂聪.教育公共性的理论分析[J].教育研究,2010(6):23.

② 金生鈜.规训与教化[M].北京:教育科学出版社,2004:206.

性价值的缺失，使个体忽视了对自身内在价值的审视。教育中的人成为自我利益的追逐者，而遗失了对自身存在的价值和意义的追问，更丧失了对人之终极关怀的思考，导致以人为对象的教育最终走向了无人的教育[①]。

三、“成功教育”的“外在性”呈现

“成功教育”为了追寻外在的“有用性”目标，主动剥离限制自身发展的“绊脚石”，形成以下表现：

（一）“实用性”与“高尚性”的对立

“成功教育”本质上追求的是一种物质欲望的满足。适当地满足欲望是人生活在现实之中的必备条件，只是理性和欲望之间失衡，会导致人缺失对欲望的辨别能力而容易迷失在欲望中。

“成功教育”是一种工具化的教育。大学不是在满足学生的真正需要，而是在满足学生一时的兴致[②]。它钟情于培养出一批批适合现实所需的人才，但是，精神人格无法获得相匹配的发展，甚至还面临着萎缩的风险。本来学生学习的目的应是求取最佳发展，却变成了只为求得他人的看重和考试成绩；本来是渐渐进入富有内涵的整体，却变成了仅仅是学习一些可能“有用”的事物而已。教育是对个体灵魂的教化实践，却成了将受教育者培养为“有用之才”。教育理想的失落，让教育忘却了自身的使命，在走向“实用性”过程中丢失了“高尚性”的价值追求。

在现实生活中，学校教育在追求“实用性”的过程中教会人们如何谋求自身利益的最大化，知识和技能也只是追求实际利益的工具与媒介，这种教育方式正如弗莱雷在《被压迫者教育学》一书中所揭示的那样：①教

① 吕寿伟.成物、成人与成己：教育学的立场变迁[J].教育理论与实践，2014(34)：8.

② 哈瑞·刘易斯.失去灵魂的卓越：哈佛是如何忘记教育宗旨的[M].侯定凯，译.上海：华东师范大学出版社，2007：5.

师教，学生被教；②教师无所不知，学生一无所知；③教师思考，学生是被思考的对象；④教师讲，学生听——顺从地听；⑤教师制定纪律，学生遵守纪律；⑥教师作出选择并将选择强加于学生，学生遵从；⑦教师行动，学生只有通过教师的行动而行动的幻觉；⑧教师选择课程内容，学生（未经征求其意见）适应课程内容；⑨教师把知识权威与自己的职业权威混为一谈，教师把这种权威与学生的自由对立起来；⑩教师是学习过程的主体，而学生只是客体[①]。在具体的教育场景中，教学活动只为谋求效率的最大化，人类精神的尊严与高贵，真、善、美等公共生活所需的崇高价值在“成功教育”面前被严重地边缘化。如此的工具化教育职能可能带来人性的扭曲、品格的败坏以及精神的降低[②]。人的理性一旦不再追求卓越，就会在物欲的不断满足中寻求些许慰藉，没有时间去思考生活的意义，这种功利化的追求可能让人成为徒具自由表象的“奴隶”。

（二）“虚伪性”与“纯真性”的矛盾

“成功教育”和“教育成功”为何不可调和？二者究竟有何不同，导致了价值内核出现了截然相反的观点？这就需要对其核心价值进行剖析，展现出各自的教育理念。

“教育成功”就是指本真的教育，而本真的教育之所以是成功的，就在于它的理念指向的是教育“永远是”的价值，这种“纯真性”的教育相对于裹挟着功利主义的教育而言，具有根基性、恒定性和起始性。教育作为一种灵魂教化的实践活动，它所追求的本是人性的卓越和出众；“教育成功”体现着人类的终极价值标准，是一种正确的价值关涉，它是因其自身而正确的教育，并不需要依赖别的事物的佐证而证明自身的正确性，因

① 弗莱雷.被压迫者教育学：50周年纪念版[M].顾建新，张屹，译.上海：华东师范大学出版社，2020：23-24.

② 金生鈜.规训与教化[M].北京：教育科学出版社，2004：105.

此也可以说这种教育哲学是一种“强者”教育哲学，它追问幸福问题[①]。这是一种自足性的存在。

然而，“成功教育”的价值追求是与本真教育相背离的，它以教育的当下性、流变性和权威性为根基，排斥长远的、不可控的，认定合理的教育就是贴合现实的教育，认定那些能即刻满足的欲望就是好的，肯定人们在当下所取得的成功。但是，现实是流动的、不确定的，并不具备一种恒定的因素，所以契合当下的教育不一定就是好的教育。

“教育成功”虽然作为一种理想性的存在，难以在短期内实现，但是现实的教育也不能以一种“屈从”现实的方式来佐证自身的成功。“教育成功”与否，要看它是不是与人性相和谐，而不是看它是不是被某种虚构出来的品质占据了它的中心。这就决定了“成功教育”与本真教育两者之间的本质区别以及不可调和性，也表明了“成功教育”的虚假性。因此，本真教育作为一种自洽性的存在，它所追寻的是个人的幸福问题；“成功教育”作为一种现实性的存在，它所追寻的是个人欲望的满足。

（三）“单一性”与“丰富性”的冲突

现代性的重要象征就是个体化的人的诞生，教育是个体化的人生产的具体实践[②]。教育的“人学”立场使个体获得发展的同时，忽视了开启公共生活的视野，教育实践充斥着浓厚的功利主义倾向。因此，现代人的道德行动是纯感觉性的，由于无从把握生命的超越性意义，只有把生命的价值定位到现实的利益上……以当下的实存为转移的，是受快乐原则支配的[③]。这种教育所培养出来的人，限制了自己的生活，放弃了生活本身的多维度，活成了单向度的人。

对于“成功教育”而言，塑造“顺从”的个体是兑现“有用性”目标

① 吴元发.承诺与反抗：现代性教育危机的“自然正确”出路[D].南京：南京师范大学，2012：85.

② 金生鈜.规训与教化[M].北京：教育科学出版社，2004：88.

③ 金生鈜.规训与教化[M].北京：教育科学出版社，2004：89.

的关键，因为教育并不是要培育有理性的受教育者，而是“氓众”[①]，即由一群内在精神极度匮乏的个体组成，是一批没有灵魂的群体。

“氓众”具有较好的操控性和支配性特征，这使得“氓众”的“批量生产”成为必要。首先，“氓众”是一种“划一性”的同质化个体。教育对个体来说，只是简单塑造出一个个具有同质化的躯壳，而不是为了培育独立的人格，个人不再拥有个性，这就意味着每个人都不再具有个性和品质上的差异，仅存在不同功用上的种类和程度的区别。其次，“氓众”缺乏必要的思考，是“无能和懒惰”[②]的。受教育者越是接受强加于他们身上的被动角色，就越能适应现实的状况，这就导致他们并不会真正地思考现实生活，以别人的思考替代自己的思考，也不会真正地关心这个世界。最后，“氓众”没有对真理的向往。问题就是存在的平庸化，把自己交付给潮流，在拥有自我的同时失去自我，造成这种平庸化的根源就是存在的虚无。日复一日地辗转于生活的人们早已失去了对终极事物的关怀，更不要谈对真理的向往。

“成功教育”过程中的受教育者丧失了自我存在的多样性和对生活的诗性理解，片面化的教育成为囚禁个体精神的牢笼，它以一种虚假的、单一的、功利的思维支配着人们的生活。学生失去了原本与世界之间的丰富性、互动性和关联性的关系，被迫处于一种被简化的关系中，也是唯一“可行”的关系，这就使得个体最终失去了向他者敞开的主动性与能动性。“成功教育”所塑造的“虚无之人”以内在的单一性取代了“人”的丰富性，以贫乏的关系取代了多样性的交往形式，教育伦理性的缺失使个体生存“孤立化”和“空心化”，让“氓众”的“批量生产”成为可能，同时让教育转为功利主义取向。

① 吴元发.承诺与反抗:现代性教育危机的“自然正确”出路[D].南京:南京师范大学,2012:32.

② 弗莱雷.被压迫者教育学:50周年纪念版[M].顾建新,张屹,译.上海:华东师范大学出版社,2020:24.

第三节　走向功利化的知识教育

“功利主义”的英文是“utilitarianism”，它来源于“utility”，其意思是指人的主观效用，并没有重利轻义的意思[①]。“utility”的意思是“the quality of being useful”[②]，即实用、效用、有用的意思，偏重经济技术层面的工具价值。所以为了避免误解，穆勒认为“utilitarianism”最好不要翻译为“功利主义”，用“效用主义”更贴近它的本义[③]。功利主义发展至边沁和穆勒时已成熟。笔者沿用“功利主义”的译名。

一、功利主义的两种形态

功利主义学说的核心观点，就是判断行为的赞成与否，主要根据此行为能否增进社会全体人员的最大幸福。道德功利主义的价值观是在肯定人的自由和利己性的同时，关注社会全体人员的幸福，这是它的进步意义。这里的幸福，追求幸福的质量，即认为心灵的快乐更加持久、更有保障、

① 穆勒.功利主义[M].徐大建，译.上海：上海人民出版社，2007：18.

② 霍恩比.牛津高阶英汉双解词典[Z].6版.北京：商务印书馆，2004：1952.

③ 穆勒.功利主义[M].徐大建，译.上海：上海人民出版社，2008：18.

成本更小[①]。它鼓励我们去追求一种更加合乎我们本性的快乐。道德功利主义最终追求的不仅仅是自身最大的幸福，而是社会最大的幸福。因为构成功利主义的行为对错标准的幸福，不是行为者本人的幸福，而是所有相关人员的幸福[②]。它给我们提供了一个理想的境界，即通过对自身最大幸福的追求，可以实现社会最大的幸福。但无法从每个人都追求自己的幸福直接推出每个人都追求最大多数人的最大幸福[③]。从自身的幸福如何通往社会最大的幸福不是简单的幸福总量相加，它更追求幸福的质量，里面充满了复杂的矛盾。

与道德功利主义相比，世俗功利主义的价值观就是指不考虑社会道德理想的前提下，急功近利地追求个体的私欲，更加关注欲望的实用价值、物质价值，不太关注欲望实现的过程，更在意欲望实现的结果，特别关注个体短期内能取得的最大的物质利益。它以个体自身为行为主体，在肯定利己本性的价值中完全抛弃社会群体的最大幸福的价值，成为赤裸裸的利己主义；以实用主义作为个体的行为动机，展现个体对于具有工具效用价值事物的追求；以物质化作为个体的行动内容，关注实用主义动机背后所隐藏的具体货币化的利益；以急功近利作为个体的行动过程，表现了个体在追求物质化利益的过程中的效率至上；以结果主义作为个体的行动目的，只关心个体外在物质利益的实现结果，不关心内在精神价值的实现。世俗功利主义从根本上是异于道德功利主义的，虽然它们都以结果为导向，以利益最大化为目标，但世俗功利主义抛弃了不伤害他人利益为前提的外在约束和促进良心、培养美德的内在约束的社会公共道德，把人培养成了可以为个人私欲而抛弃公共道德理想的自私自利者，甚至是不择手段的投机取巧者，这就需要批判了。

---

① 穆勒.功利主义[M].徐大建，译.上海：上海人民出版社，2007：译者序9.

② 穆勒.功利主义[M].徐大建，译.上海：上海人民出版社，2007：17.

③ 吉利.论功利化教育的“道德教育”[D].南京：南京师范大学，2018：4.

二、知识教育功利化的五个维度

功利化的知识教育是功利主义思想在学校教育中的体现，但这种功利主义不是作为伦理学流派的道德功利主义，而是为了一己之私利的世俗功利主义，它既是结果主义的和实用主义的，也是个体主义的和利己主义的，其过程是急功近利的，其目的在于物质或物质化的目标的最终达成。

第一，知识教育功利化的表现为物质化。

物质化意味着功利主义往往以物质或物质化的事物为追求的目标。穆勒在阐释“功利主义”含义的一开始就说明功利不是最粗俗的快乐，这是因为人类具有的官能要高于动物的欲望[①]。也就是说，这种人类高级官能的需求的幸福是比单纯的感官快乐更值得去欲求。但他又说，享受高尚感情的能力，就像是柔弱的花草，很容易被不良的环境所扼杀[②]。当知识教育功利化时，容易使教学评价的结果导向物质或物质化的事物，走向对丰富个体物质生活的低级趣味之中去，甚至使个体会一直沉迷于物质的享乐，从而无法再去接触到人类的高级快乐，如理智的快乐、感情和想象的快乐以及道德情感的快乐[③]。教学评价主体一味地关心声誉、职称晋升、获奖、升学以及资源分配上等物质或物质化事物[④]。

第二，知识教育功利化的表现为利己主义。

利己主义意味着主体始终以个体的自我利益为核心诉求。以边沁为代表的传统功利主义，把功利主义等同于利己主义，认为对行为的赞成与否，与个人幸福的增减有关。到了穆勒，则发展成功利主义的行为标准并不是行为者本人的最大幸福，而是全体相关人员的最大幸福[⑤]。利己主义

① 穆勒.功利主义[M].徐大建,译.上海:上海人民出版社,2007:8.

② 穆勒.功利主义[M].徐大建,译.上海:上海人民出版社,2007:11.

③ 穆勒.功利主义[M].徐大建,译.上海:上海人民出版社,2007:8.

④ 朱文辉,靳玉乐.教学功利化剖析与出路探讨[J].中国教育学刊,2015(12):2.

⑤ 穆勒.功利主义[M].徐大建,译.上海:上海人民出版社,2007:12.

是道德功利主义和世俗功利主义的共性之一。道德功利主义的利己性是对个体自我价值的展示，而世俗功利主义的利己性是对个体价值的片面短视。世俗功利主义正是因为没有认识到个人利益和集体利益、局部利益和长远利益的辩证关系，走向了极端化的错误道路。教师作为知识教育功利化的主体，多会按照自己的想法进行教学，对学生的经验、兴趣和爱好重视不足。教师在教学过程中的利己主义行为也会不断影响学生对个体输赢的在乎。

第三，知识教育功利化的表现为结果主义。

结果主义表达的是功利主义以行为结果为导向。世俗功利主义的价值导向到最后就是对自身幸福的追求。它似乎不太在乎这个追求目标的过程和方法，而是在乎自身幸福总量是增加还是减少。如穆勒在论及功利主义时说，我们的行为只要合乎行为规则，就并无不当之处[①]。所以功利主义一定程度上不在乎追求幸福的出发点，它更在乎行为的结果。在知识教育中特别重视总结性评价，看重关键考试的分数和排名，无视个体的预备性评价和过程性评价。正如罗尔斯在《正义论》里所讲的，把“善”来定义正当，把正当定义为最大程度地增加善的东西。这就导致了很多人分享较大利益而剥夺少数人的自由[②]。这样的话，就是我们只能看到事情发展的后果，忽视其过程和方法的合理性。对于教学评价主体来说，会导致评价标准的单一化、绝对化和强制化，而忽视其他能促进个体全面发展的内在要素。

第四，知识教育功利化的表现为实用主义。

实用主义表达的是功利主义有用性和实用性的追求。因为功利主义在方法论上比较遵循经验主义。它比较强调从自身的经验、观察中去发现事物的真相[③]。因为功利主义在证明判断行为正误的标准是关于能否增进人

① 穆勒.功利主义[M].徐大建，译.上海：上海人民出版社，2007：18.

② 罗尔斯.正义论[M].何怀宏，何包钢，廖申白，译.北京：中国社会科学出版社，1988：24.

③ 穆勒.功利主义[M].徐大建，译.上海：上海人民出版社，2007：14.

的最大幸福，所以不好去用先验的原理原则去证明其合理性，反而关注人的日常经验，从个人的案例中证实它的合理性。但世俗功利主义恰恰是对经验主义的否定，对间接经验的肯定。知识教育功利化是把知识经验狭隘化、考点化。如教学设计取向认知化，遵从书本知识本位进行教学设计。世俗功利主义价值取向的实用性定位于已知的生活经验，其实用性具有短期的时效性，无法预测当下的行为会对未来造成的影响。

第五，知识教育功利化的表现为急功近利。

急功近利是世俗功利主义强调行为过程的短视性。世俗功利主义追求的就是个体自身的幸福。美德是能促进人类的幸福，但是对有些人来说，是很难培养出来的。但是人们对金钱的欲求是生活的核心动力，正如穆勒所说，金钱成了个人幸福观念的主要成分①。当追求幸福的手段超过了幸福原本的目标时，这时该反省的就是对幸福的追求是不是舍本求末了。在知识教育中，有的教师会狠抓默写概念、刷题、归纳一些应试小技巧、积累一些答题模板等方法。这些方法的本质是提高对知识的机械记忆和练习，能在短期内满足基础知识的学习需要，但无法提升学生知识学习的迁移能力和整合能力。而且教学的高效化没有给学生太多的教学留白，学生学习的内容和速度跟不上教师的教学内容和时间安排，落后的学生就会被淘汰。

① 穆勒.功利主义[M].徐大建,译.上海:上海人民出版社,2007:37.

本章小结

纵览历史，学校教育由“知识化”而进一步陷入“功利化”，就会形成“功利化的知识教育”，具体表现为物质化、利己主义、结果主义、实用主义、急功近利等，最终伤害到学校教育“育人”“成人”的初心。如此困境，需要得到正视、得到解决。

学校教育很难抗拒“功利”，但是，除了“功利”就不讲其他，形成所谓的“知识教育”，历史证明，教育将陷入畸形发展，最终使学校教育受到伤害。因此，真正成功的学校教育，离不开精神层面。

第四章　知识教育功利化的案例调查

本章导读

知识教育固然有其伦理品格，但完全知识化了的教育会使知识教育的伦理品格被遗忘。知识观上的科学化、教育价值上的功利化、教育目的上的实用化已经或隐或显地表达了知识教育所带来的伦理问题，但知识教育的伦理问题不仅如此。

从整体来讲，知识教育所造成的伦理困境至少包含两个方面的根源：一是知识教育自身的伦理缺陷，知识教育有其伦理价值，但知识教育的伦理价值不能取代教育的伦理价值，教育不仅包含知识，同时包含情感的陶冶、价值的养成、人格的塑造、自由灵魂的培育等人文性目标，然而“知识教育”对“教育”的替代使教育不可避免地因“知识化”而陷入伦理的风险。二是异化的、扭曲的知识教育对教育伦理的遗忘，知识教育为了实用的目的和功利的价值，使其往往将效率主义和训练主义发挥到极致，以求形成学生在最短的时间内完成对知识的牢固掌握，而伴随效率主义和训练主义的必然是管理主义和专制主义，从而教育所应遵循的伦理原则、教育要实现的伦理价值都被遗忘。

伦理诊断的目的在于揭示知识教育中存在的伦理问题，探究伦理问题产生的根源。学校教育究竟在何种程度上被功利化？下面通过问卷调查和个案访谈而对个别学校知识教育的功利化状况展开调查与研究。

第一节　知识教育功利化现状的调查设计与实施

一、知识教育功利化的调查设计

（一）调查目的

明了知识教育功利化的真实现状，针对其在知识教育上功利化的特征进行深入探究，发现其存在的具体问题。

（二）研究问题

基于上述研究目的，以Z市的部分教师和学生为例进行分析，具体研究的问题有以下几个：

第一，知识教育功利化在教育实践中的具体表现如何？（通过对教师在知识教授中主要构成要素的划分，把课堂教学实践划分为五个要素，分别是教学设计取向、教学目标、教学内容、教学过程和教学评价，调查实践中教师知识教学功利化的具体表现。同时，通过对学生在知识学习中主要构成要素的划分，把教学划分为五个要素，分别是学习动机、学习目标、学习内容、学习过程和学习评价，调查实际中学生知识学习功利化的具体表现。）

第二，知识教育功利化在统计学特征上有没有显著性差异？（从性别、年龄、职称、学历以及任教学科等方面展开。）

第三，知识教育功利化下的五个维度之间的相关性如何？（物质化、实用主义、利己主义、结果主义和急功近利之间的相关性。）

（三）研究对象

1.问卷调查对象

此次研究中，共有来自Z市195名教师和467名学生参与本次问卷调查，他们的基本信息情况如表4-1-1和表4-1-2所示。

表4-1-1 调查教师的基本信息情况（n=195）

项　目	类　别	频　数	百分比
性别	男	100	51.3%
	女	95	48.7%
教龄	1—5年	102	52.3%
	6—10年	15	7.7%
	11—20年	19	9.7%
	20年以上	59	30.3%
年龄段	21—30岁	106	54.4%
	31—40岁	28	14.4%
	41—50岁	39	20%
	51—60岁	22	11.3%
职称	暂未定级	78	40%
	二级	36	18.5%

续　表

项　目	类　别	频　数	百分比
职称	一级	42	21.5%
	高级及以上	39	20%
受教育程度	专科及以下	6	3.1%
	本科	165	84.6%
	研究生	23	11.8%
	研究生以上	1	0.5%
教育背景	师范生	142	72.8%
	非师范生	53	27.2%
所学专业与所教专业是否一致	一致	158	81%
	不一致	37	19%
任教学科	语文	69	35.4%
	数学	40	20.5%
	英语	31	15.9%
	音体美	26	13.3%
	物化生	9	4.6%
	史政地	20	10.3%
所任职务	校长或副校长	5	2.6%
	主任或副主任	9	4.6%
	年级组长	2	1%
	班主任	55	28.2%
	任课教师	156	80%

表4-1-2 调查学生的基本信息情况（n=467）

项目	类别	频数	百分比
性别	男	253	54.2%
	女	214	45.8%
学习状态	很差	5	1.1%
	较差	37	7.9%
	一般	251	53.7%
	较好	118	25.3%
	很好	56	12%
小班排名	后5名	19	4.1%
	后6名至后10名	66	14.1%
	居中	256	54.8%
	前6名至前10名	67	14.3%
	前5名	59	12.6%

2.访谈对象

研究中选择了9位教师，针对知识教育功利化现状中的具体问题以及背后的原因进行了深入的访谈。表4-1-3是访谈对象的具体信息。

表4-1-3 访谈教师的基本信息情况（n=9）

访谈对象	性别	所教学科	年龄	教龄	职称	最高学历	专业方向
姚老师	男	体育	21—30岁	1—5年	暂未定级	本科	体育
徐老师	女	英语	21—30岁	1—5年	暂未定级	本科	英语
仇老师	男	化学	21—30岁	1—5年	二级	研究生	计算机
靳老师	男	物理	21—30岁	1—5年	二级	研究生	材料

续 表

访谈对象	性别	所教学科	年 龄	教 龄	职 称	最高学历	专业方向
王老师	女	语文	21—30岁	1—5年	二级	本科	语文
杨老师	男	历史	31—40岁	11—20年	一级	本科	英语
黄老师	女	音乐	41—50岁	20年以上	一级	本科	音乐
韦老师	男	语文	41—50岁	20年以上	一级	本科	语文
卢老师	男	数学	51—60岁	20年以上	高级	本科	数学

（四）研究工具

在本次调查中运用的研究工具有两个：一个是问卷工具，另一个是访谈工具。首先，本研究通过对功利化理论的相关分析和查阅知识教育功利化的相关文献，梳理出知识教育功利化的特征。其次，根据这些特征设置了相应的问卷模型，制定了相应的问卷的访谈提纲。最后，通过调查问卷和访谈调查搜集整理了可靠的研究数据，并依据构建的分析模型，运用SPSS软件对数据进行整理和分析。

1.调查问卷

（1）教师问卷的编制

本研究自主编制了《教师知识教学功利化调查问卷》，以调查Z市教师知识教学的现状。该问卷由两部分组成：

第一部分，调查对象的相关基本信息，主要涵盖其性别、年龄、教龄、职称、最高学历及专业方向等方面。

第二部分，教师知识教学功利化量表（参见表4-1-4）。该量表由24道题目组成，正向计分。各个题项的选项有六个：第一个选项是完全同意，记为6分；第二个选项是同意，记为5分；第三个选项是有些同意，记为4分；第四个选项是有些不同意，记为3分；第五个选项是不同意，记为2分；第六个选项是完全不同意，记为1分。

表4-1-4　知识教育功利化量表（教师卷）题目分布

一级维度	二级维度	题　目
物质化	设计取向	第7、8、14、16题
	教学评价	
急功近利	教学内容	第4、12、18、19、22题
	教学方法	
	教学过程	
实用主义	设计取向	第1、6、15、20、21题
	教学目标	
	教学内容	
利己主义	教学内容	第2、5、11、13、23题
	教学评价	
结果主义	教学内容	第3、9、10、17、24题
	教学评价	

①教师量表的信度检验

教师量表的信度检验是用克隆巴赫Alpha系数进行信度检验，结果如表4-1-5所示：

表4-1-5　教师量表的信度分析

量　表	克隆巴赫Alpha系数	基于标准化项的克隆巴赫Alpha系数	项数	个案数
学生知识学习功利化量表	0.922	0.926	24	195

按照学术界较为认可的观点，一份信度系数好的量表或问卷，其总量表的信度系数最好在0.8以上，如果在0.7～0.8，还算是可以接受的范围[①]。

① 杜智敏，樊文强.SPSS在社会调查中的应用[M].北京：电子工业出版社，2015：402.

由表4-1-5可知，《教师知识教学功利化量表》的克隆巴赫系数达到了0.922，其信度较高。

②教师量表的效度检验

在本研究中，针对《教师知识教学功利化量表》进行了两种方式的效度检验：一种是KMO采样充足性检验，另一种是巴特利特球形度检验。如表4-1-6所示：

表4-1-6　教师量表的效度分析

KMO取样适切性量数		0.823
巴特利特球形度检验	近似卡方	2896.686
	自由度	276
	显著性	0.000

从表4-1-6可知：KMO值是0.823，在0.8～0.9，较适合；而巴特利特球形度检验的显著性p值为0.000，小于0.001，结合"近似卡方"和"自由度"两个条件，表明量表的各变量之间具有显著的相关性。

（2）学生问卷的编制

本研究自主编制了《学生知识学习功利化调查问卷》，以调查Z市学生知识学习的现状。

该问卷由两部分组成：第一部分，调查对象的相关基本信息，主要涵盖其性别、班级、学习状态、小班排名等方面。第二部分，学生知识学习功利化量表（参见表4-1-7）。该量表为李克特五分制量表，由24道题目组成，正向计分。各个题项的选项有六个：第一个选项是完全同意，记为6分；第二个选项是同意，记为5分；第三个选项是有些同意，记为4分；第四个选项是有些不同意，记为3分；第五个选项是不同意，记为2分；第六个选项是完全不同意，记为1分。

表4-1-7　学生知识学习功利化量表题目分布

一级维度	二级维度	题　目
物质化	学习动机	第1、2、3、9、20题
	学习评价	
急功近利	学习方法	第4、8、13、14、16题
	学习内容	
	学习过程	
实用主义	学习目标	第5、6、7、10、11题
	学习内容	
	学习方法	
利己主义	学习过程	第12、15、21、22题
	学习评价	
结果主义	学习目标	第17、18、19、23、24题
	学习评价	

①学生量表的信度检验

学生量表的信度检验是采用克隆巴赫Alpha系数对《学生知识学习功利化量表》进行信度检验，结果如表4-1-8所示：

表4-1-8　学生量表的信度分析

量　表	克隆巴赫Alpha系数	基于标准化项的克隆巴赫Alpha系数	项数	个案数
学生知识学习功利化量表	0.890	0.883	24	467

由表4-1-8可知，学生知识学习功利化量表的克隆巴赫系数达到了0.890，信度较高。

②学生量表的效度检验

在本研究中，针对《学生知识学习功利化量表》，进行了两种方式的效度检验：一种是KMO采样充足性检验，另一种是巴特利特球形度检验。如表4-1-9所示：

表4-1-9　量表的效度分析

KMO取样适切性量数		0.902
巴特利特球形度检验	近似卡方	4576.016
	自由度	276
	显著性	0.000

从表4-1-9可知：KMO值是0.902，大于0.9；而巴特利特球形度检验的显著性p值为0.000，小于0.001，结合“近似卡方”和“自由度”两个条件，表明量表的各变量之间具有显著的相关性。

2.教师访谈

为了深入了解教师知识教学功利化的现状，以及在知识教育功利化的各个维度上的具体表现，笔者根据问卷数据分析的结果，选取了有关核心的研究内容和需要进一步解释说明之处，经过归纳和概括，编制成了针对教师的访谈提纲，随后展开了访谈。笔者选择了9位不同教学科目的教师分别进行了访谈，其中男性和女性被访者数量均匀，学校层次分布均匀。访谈提纲的题目维度如表4-1-10所示：

表4-1-10　访谈提纲的题目维度

一级维度	二级维度	题　号
物质化	教学评价	第8题
急功近利	教学方法	第4题

续　表

一级维度	二级维度	题　号
实用主义	教学设计	第1、2、3题
	教学目标	
	教学内容	
利己主义	教学过程	第5、7题
结果主义	教学评价	第6题

二、知识教育功利化的调查实施

（一）问卷数据的收集

2021年9月15日，笔者开始向Z市教师发放在线问卷，并于2021年10月6日停止数据收集工作。问卷的卷首语简要说明本次调查的目的和他们可以自愿参与此问卷，本次研究采取匿名调查方式，个人信息严格保密，所得数据仅用于本次研究。问卷调查共回收的问卷数量是200份，其中有195份有效，教师问卷的有效率达到了97.5%。

（二）访谈数据的收集

访谈过程持续15—30分钟。在访谈实施前，笔者向被访谈者说明如下事项：①访谈的目的及内容；②征求被访谈者的同意对访谈进行全程录音；③承诺对被访谈者的个人信息进行严格保密，相关信息只用于本次研究；④笔者会根据被访谈者的回答，在不引起被访谈者反感的前提下，进行适当追问，并对其不理解的地方进行解释。

（三）数据的整理

本研究将问卷数据输入IBM SPSS Statistics 26，并进行编码。此次采用IBM SPSS Statistics 26而展开的分析有三点：①描述性统计分析，具体涵盖了频数、百分比、平均值、标准差等；②差异性检验，主要涵盖独立样本T检验、单因素方差分析等；③相关性分析，具体为Pearson相关系数。对于访谈数据，本研究先对访谈录音进行仔细转录，确保被访谈者的原有信息不被更改，之后将访谈转录的内容分别发送给被访谈者，被访谈者确认转录无误之后，本研究对访谈数据进行分类、编码，再结合问卷调查结果，进行分析与讨论。

第二节　知识教育功利化的调查结果分析

一、教师知识教学功利化调查结果分析

问卷调查和访谈的结果主要包括教师知识教学功利化现状、学生知识学习功利化的现状，分别从功利化现状的总体情况和具体情况展开调查，具体情况包括学生和教师在知识教育功利化各维度的具体表现。

（一）教师知识教学功利化的总体情况

本研究对教师知识教学功利化现状的表现概括为下面的五个维度：知识教育物质化、知识教育急功近利、知识教育实用主义、知识教育利己主义和知识教育结果主义的总体情况进行分析，具体结果如表4-2-1所示：

表4-2-1　教师知识教学功利化总体情况（n=195）

维　度	物质化	急功近利	实用主义	利己主义	结果主义	总体特征
题项平均值	4.18	4.73	4.73	4.41	4.63	4.54
标准差	1.147	0.869	0.794	0.917	0.871	0.919

根据六级李克特量表积分法采用3.5分、4.25分、5分为被试者得分高

低进行判断的临界点，本调查中将各维度内题项的平均值在3.5～4.25分视为中等；平均值在4.25～5分视为较好；平均值在5分以上的视为很好。由表4-2-1可知，该量表的总均分及各个维度的平均值都在4.18分以上，大部分超过4.25分，说明教师知识教学功利化程度中等偏上。

各维度中平均值最高的是急功近利和实用主义，平均值为4.73分，标准差相对较低，在0.794～0.869分的范围内，说明教师知识教学功利化在急功近利和实用主义两个方面普遍表现明显。各维度中平均值最低的是物质化，平均值为4.18分，标准差为1.147分，说明教师知识教学功利化在物质化方面不是很突出，表现一般，而且教师们在该维度存在较大的分歧，比较不一致。而其余维度如利己主义和结果主义的平均值和标准差大致居中，说明教师知识教学功利化在这两个维度表现中等。

总体而言，教师知识教学功利化的程度是中等偏上的，教师知识教学功利化在急功近利和实用主义方面程度最为明显，而在物质化方面程度最不明显，在利己主义和结果主义方面程度一般。

（二）教师知识教学功利化的具体情况

（1）教师知识教学在物质化方面的具体情况

教师知识教学物质化方面的具体情况主要从教学设计取向和教学评价两个维度展开，具体结果参见表4-2-2所示：

表4-2-2　教师知识教学物质化在其子维度的具体情况（n=195）

子维度	平均值	标准差
教学设计取向	4.31	1.131
教学评价	4.05	1.415

由表4-2-2可知，两个子维度的平均值均高于3.5分、小于4.25分，说明教师在知识教育物质化方面的程度一般，不是很突出。对于物质化维度下的两个子维度相比较而言，可以发现教学设计取向的物质化程度要高于

教学评价的物质化程度，分别是4.31分和4.05分，说明大部分教师相比较在意教学评价结果的物质化，更看重教学设计取向的物质化。

表4-2-3　教师知识教学物质化在各题的具体情况

题　项	平均值	标准差
(14)我的教学设计取向以学生掌握基础知识为主	4.68	1.181
(16)我的教学设计取向偏向于培养成绩优异的尖子生	3.93	1.563
(7)所教班级的成绩排名可能会直接影响我的奖金补贴	4.93	1.563
(8)我有时会羡慕那些因所教班级成绩优异而获得荣誉的老师们	3.72	1.701

由表4-2-3可知，第7、8、14和16题的平均值在3.72～4.93分，说明存在教师知识教学物质化的情况，但不明显。第7题的平均值最高，达到了4.93分，第8题的平均值最低，为3.72分，可以看出大部分教师较为在乎教学评价所带来的物质回报，如奖金等，不看重所谓的荣誉奖状等。

（2）教师知识教学在实用主义方面的具体情况

教师知识教学物质化方面的具体情况主要从教学设计取向、教学目标和教学内容三个维度展开，具体结果参见表4-2-4所示：

表4-2-4　教师知识教学实用主义在子维度的具体情况

子维度	平均值	标准差
教学设计取向	4.38	1.301
教学目标	4.79	1.182
教学内容	4.85	1.209

由表4-2-4可知，三个子维度的平均值均高于4.25分，说明教师在知识教育实用主义方面的程度明显。对于物质化维度下的三个子维度相比较而言，可以发现教学目标和教学内容的实用主义程度较高，分别是4.79分和4.85分，说明大部分教师会选择并设计更加具体、实用的教学目标和教学内容。

表4-2-5 教师知识教学实用主义在各题的具体情况

题 项	平均值	标准差
(6)设计教学目标最好是可以进行量化测量的	4.77	1.184
(15)教学目标设计需要把知识点逐一具体化	4.81	1.180
(20)我觉得用确定的知识进行教学是实用的	4.69	1.112
(21)我觉得借鉴教参书里的教学设计模板很方便	4.38	1.301
(1)我觉得应当对教材做详尽的解析,把它尽量细化成具体的知识点	5.02	1.306

由表4-2-5可知，第1、6、15、20和21题的平均值在4.38～5.02分，说明存在教师知识教学实用主义的程度明显。第1题的平均值最高，达到了5.02分，第21题的平均值最低，为4.38分，可以看出大部分教师都很赞同对书本知识的具体化解剖，觉得这样是实用的，但大部分教师也意识到借鉴教参书的设计模板是一种相对偷懒的行为。

（3）教师知识教学在利己主义方面的具体情况

教师知识教学利己主义方面的具体情况主要从教学内容和教学评价两个维度展开，具体结果参见表4-2-6所示：

表4-2-6 教师知识教学利己主义在子维度的具体情况

子维度	平均值	标准差
教学内容	3.85	1.500
教学评价	4.78	1.333

由表4-2-6可知，两个子维度的平均值均高于3.25分，说明教师在知识教育利己主义方面的程度一般，不明显。对于利己主义维度下的两个子维度相比较而言，可以发现教师在教学评价上的利己性表现要高于在教学内容选择上的利己性。

表4-2-7　教师知识教学利己主义在各题的具体情况

题　项	平均值	标准差
(13)我有时会犹豫要不要和同事们分享一些独家教学资料	3.59	1.664
(23)我不敢给学生留太多的教学留白,担心影响教学效果	4.11	1.337
(2)所教班级的成绩优异时,我更容易得到领导的认可与嘉奖	4.93	1.304
(5)成绩后进生在知识教育中令我感到烦恼	4.77	1.300
(11)学生的考试分数可能会直接影响教师的教学成绩	4.65	1.397

由表4-2-7可知，第2、5、11、13和23题的平均值在3.59～4.93分，说明存在教师知识教学利己主义的程度不明显。而第2题的平均值最高，达到了4.93分，第13题的平均值最低，为3.59分，可以看出大部分教师的利己性是在一定利他性的基础上开展下去的，与损人利己相比较，更加看重在不伤害他人利益的基础上追求自己的个人利益。

（4）教师知识教学在急功近利方面的具体情况

教师知识教学物质化方面的具体情况主要从教学内容、教学方法和教学过程三个维度展开，具体结果参见表4-2-8所示：

表4-2-8　教师知识教学急功近利在子维度的具体情况

子维度	平均值	标准差
教学内容	4.75	1.374
教学方法	4.70	1.180
教学过程	4.23	1.338

由表4-2-8可知，三个子维度的平均值均高于4分，说明教师在知识教学急功近利方面的程度明显。对于急功近利维度下的三个子维度相比较而言，可以发现教师在教学内容和教学方法上的急功近利表现要高于教学过程。

表4-2-9　教师知识教学急功近利在各题的具体情况

题　项	平均值	标准差
(4)为了让学生全面系统地掌握某一知识，教学时需要适当拔高知识内容	4.75	1.374
(12)我会尝试学习并传授一些能短时间内提高考试分数的方法给学生	4.79	1.154
(19)我常常通过纸笔测验学生知识的掌握情况	4.61	1.207
(18)上课时，我希望学生能回答出预设的答案	4.35	1.340
(22)我不敢给学生太多的教学留白，担心影响教学效率	4.11	1.337

由表4-2-9可知，第4、12、18、19和22题的平均值均在4分以上，说明存在教师知识教学急功近利的程度很明显。第12题的平均值最高，达到了4.79分，第22题的平均值最低，为4.11分，可以看出大部分教师知识教学急功近利更多表现在教学方法上，通过高效的教学方法来缩短教学时间，提高教学效率。

（5）教师知识教学在结果主义方面的具体情况

教师知识教学结果主义方面的具体情况主要从教学内容和教学评价两个维度展开，具体结果参见表4-2-10所示：

表4-2-10　教师知识教学结果主义在子维度的具体情况

子维度	平均值	标准差
教学内容(3、17)	4.69	1.338
教学评价(9、10、24)	4.78	1.124

由表4-2-10可知，两个子维度的平均值均高于4.25分，说明教师在知识教育利己主义方面的程度很明显。对于结果主义维度下的两个子维度相比较而言，可以发现教师在教学评价上的结果主义表现要高于在教学内容上的结果主义。

表 4-2-11　教师知识教学结果主义在各题的具体情况

题　项	平均值	标准差
(3)我会根据考点来进行教学内容的选择	5	1.292
(9)比起其他类型的作业,书面习题是最常见的	4.68	1.163
(10)我觉得教学评价中最重要的是学生对知识的掌握情况	4.86	1.138
(24)我会通过学生完成习题的正确率来判断我的教学效果	4.84	1.072
(17)所教班级的成绩排名可能会直接影响我的奖金补贴	4.39	1.567

由表4-2-11可知，第3、9、10、17和24题的平均值在4.25分以上，说明存在教师知识教学结果主义的程度很明显。第10题的平均值最高，达到了4.86分，第17题的平均值最低，为4.39分，可以看出比起教学评价结果的物质化，大部分教师更看中学生对知识的掌握情况。

（三）教师知识教学功利化在人口统计学上的差异

（1）教师知识教学功利化各维度在性别上的统计学差异

本研究利用独立样本t检验对教师知识教学功利化各维度在“性别”上是否存在显著性差异进行了检验，发现：实用主义、利己主义和结果主义三个维度在“性别”上存在显著性差异，结果如表4-2-12所示：

表 4-2-12　教师知识教学功利化各维度在性别上的差异

维　度	题　项	性别	平均值	标准差	均值方程的t检验	
					t值	p值
实用主义	设计的教学目标最好是可以进行量化测量的(第6题)	男	5.08	0.939	3.793*	0.000
		女	4.45	1.327		
利己主义	成绩后进生在知识教育中令我感到烦恼(第5题)	男	5.28	0.877	5.990*	0.000
		女	4.24	1.457		

续　表

维　度	题　项	性别	平均值	标准差	均值方程的t检验	
					t值	p值
结果主义	我会通过学生完成习题的正确率来判断我的教学效果(第24题)	男	5.12	0.913	4.133*	0.001
		女	4.54	1.147		

注：*表示平均值差值的显著性水平为0.05。

由独立样本t检验的结果可知，教师知识教学实用主义维度在性别上有显著差异，p值为0.000而小于0.05，经事后检验可知，男教师普遍认可设计的教学目标最好是可以进行量化测量的，一定程度上是因为本次调查的男教师的学科分布方面倾向于理工科。教师知识教学利己主义维度在性别上有显著差异，p值为0.000而小于0.05，经事后检验可知，男教师会对成绩后进生的教学压力逐渐增大。教师知识教学结果主义维度在性别上有显著差异，p值为0.001而小于0.05，经事后检验可知，男教师更经常使用习题来检验自身的教学效果。

（2）教师知识教学功利化各维度在教龄上的统计学差异

本研究利用单因素方差分析对教师知识教学功利化各维度在“教龄”上是否存在显著性差异进行了检验，发现：物质化、急功近利和利己主义三个维度在“教龄”上存在显著性差异，结果如表4-2-13所示：

表4-2-13　教师知识教学功利化各维度在教龄上的差异

维　度	题　项	教　龄	平均值	标准差	均值方程的t检验	
					t值	p值
物质化	所教班级的成绩排名可能会直接影响我的奖金补贴(第7题)	1—5年	3.94	1.585	6.459*	0.000
		6—10年	4.67	1.589		
		11—20年	4.95	1.177		
		20年以上	4.92	1.430		

续 表

维 度	题 项	教 龄	平均值	标准差	均值方程的t检验	
					t值	p值
急功近利	为了让学生全面系统地掌握某一知识，教学时需要适当拔高知识内容（第4题）	1—5年	4.71	1.317	4.425*	0.005
		6—10年	4.13	1.356		
		11—20年	4.16	1.834		
		20年以上	5.19	1.181		
利己主义	成绩后进生在知识教育中令我感到烦恼（第5题）	1—5年	4.33	1.388	11.035*	0.000
		6—10年	5.53	0.640		
		11—20年	4.74	1.447		
		20年以上	5.36	0.846		

注：*表示平均值差值的显著性水平为0.05。

由单因素方差分析的结果可知，教师知识教学物质化维度在教龄上有显著差异，p值为0.000而小于0.05，经事后检验可知，教师的教龄和年龄越大越在乎所教班级的成绩排名，越看重自身能获得的教学奖金补贴，一定程度上与自身教学经验丰富有关。教师知识教学急功近利维度在教龄上有显著差异，p值都为0.005而小于0.05，经事后检验可知，教师的教龄在20年以上和当教师的年龄在41—60岁这一阶段时，教师在教学时会更加注重对知识的适当拔高。教师知识教学利己主义维度在教龄上有显著差异，p值为0.000而小于0.05，经事后检验可知，教师会随着教龄的增长对成绩后进生的教学压力逐渐增大。

（3）教师知识教学功利化各维度在职称上的统计学差异

本研究利用单因素方差分析对教师知识教学功利化各维度在“职称”上是否存在显著性差异进行了检验，发现：物质化、急功近利和利己主义三个维度在“职称”上存在显著性差异，结果如表4-2-14所示：

表 4-2-14 教师知识教学功利化各维度在职称上的差异

维 度	题 项	职 称	平均值	标准差	均值方程的 t 检验	
					t 值	p 值
物质化	我培养的尖子生越多，我就越能获得越多的教学奖金(第16题)	暂未定级	4.01	1.508	3.275*	0.000
		二级	3.92	1.763		
		一级	5.14	1.049		
		高级及以上	4.77	1.613		
急功近利	我会尝试学习并传授一些短时间提高考试分数的方法给学生(第12题)	暂未定级	4.56	1.135	4.285*	0.006
		二级	4.56	1.252		
		一级	5.26	0.734		
		高级及以上	4.95	1.317		
利己主义	成绩后进生在知识教育中令我感到烦恼(第5题)	暂未定级	4.32	1.490	8.390*	0.000
		二级	4.64	1.199		
		一级	5.14	0.952		
		高级及以上	5.41	0.910		

注：*表示平均值差值的显著性水平为0.05。

由单因素方差分析的结果可知，教师知识教学物质化维度在职称上有显著差异，p 值为0.000而小于0.05，经事后检验可知，教师的职称越高越在乎所教班级的成绩排名，越看重自身能获得的教学奖金补贴，一定程度上与自身教学经验丰富有关。教师知识教学急功近利维度在职称上有显著差异，p 值为0.006而小于0.05，经事后检验可知，处于一级职称的教师相比其他职称的教师更赞同此做法，可以看出教龄丰富的教师和处于高级职称评比的教师在提高学生考试分数方面花费了不少心血。教师知识教学利己主义维度在职称上有显著差异，p 值为0.000而小于0.05，经事后检验可知，教师会随着职称的晋升对成绩后进生的教学压力逐渐增大。

（4）教师知识教学功利化各维度在受教育程度上的统计学差异

本研究利用单因素方差分析对教师知识教学功利化各维度在“受教育程度”上是否存在显著性差异进行了检验，发现：只在物质化维度在“职称”上存在显著性差异，结果如表4-2-15所示：

表4-2-15 教师知识教学功利化各维度在受教育程度上的差异

维度	题项	职称	平均值	标准差	均值方程的 t 检验	
					t 值	p 值
物质化	我可能会羡慕或嫉妒那些因所教班级成绩优异而拿奖金的老师们(第8题)	专科及以下	5.33	0.516	4.742*	0.003
		本科	3.79	1.705		
		研究生	2.91	1.411		

注：*表示平均值差值的显著性水平为0.05。

由单因素方差分析的结果可知，教师知识教学物质化维度在受教育程度上有显著差异，p 值为0.003而小于0.05。经事后检验可知，教师的受教育程度越高，对他人教学成绩优异及其获得奖金的羡慕或嫉妒的心理状态出现较少。

（5）教师知识教学功利化各维度在任教学科上的统计学差异

本研究利用单因素方差分析对教师知识教学功利化各维度在“任教学科”上是否存在显著性差异进行了检验，发现：只在物质化、实用主义和结果主义维度上存在显著性差异，结果如表4-2-16所示：

表4-2-16 教师知识教学功利化各维度在任教学科上的差异

维度	题项	任教学科	平均值	标准差	均值方程的t检验	
					t值	p值
物质化	我可能会羡慕或嫉妒那些因所教班级成绩优异而拿奖金的老师们(第8题)	语文	4.33	1.559	7.940*	0.000
		数学	4.53	1.467		
		英语	4.39	1.230		
		音体美	3.08	1.647		
		物化生	5.44	1.130		
		史政地	5.55	1.050		
实用主义	比起其他类型的作业，书面习题是最常布置的(第9题)	语文	4.49	1.133	9.615*	0.000
		数学	4.85	1.027		
		英语	4.81	1.046		
		音体美	3.73	1.251		
		物化生	5.67	0.707		
		史地政	5.60	0.503		
结果主义	我觉得教学评价中最重要的是学生对知识的掌握情况(第10题)	语文	4.68	1.278	4.133*	0.001
		数学	4.83	1.010		
		英语	4.97	0.983		
		音体美	4.42	1.065		
		物化生	5.44	1.130		
		史地政	5.70	0.657		

注：*表示平均值差值的显著性水平为0.05。

由单因素方差分析的结果可知，教师知识教学物质化维度在学科上有显著差异，p值为0.000而小于0.05，经事后检验可知，除了音体美教师之外，其他学科的教师对教学成绩和教学奖金的追求比较突出，其中任教物化生和史政地学科的教师对所教班级的教学成绩及其教学奖金非常重视，通过所教班级的考试成绩排名而带来的隐性收入可以适当增加其收入。教师知识教学实用主义维度在所任教学科上有显著差异，p 值为0.000而小于0.05，经事后检验可知，除了任教音体美的教师之外，其余学科的教师普遍认可书面习题类型的作业是最常布置的。教师知识教学结果主义维度在任教学科上有显著差异，p 值为0.001而小于0.05，经事后检验可知，各科教师都很重视教学评价中的知识掌握情况，尤其突出表现在物化生和史地政等学科的教学评价中。

（四）教师知识教学功利化各维度的相关性情况

本研究利用Pearson相关系数对教师知识教学功利化各维度的相关性情况进行了分析，具体结果如表4-2-17所示：

表4-2-17　教师知识教学功利化各维度的相关性

维　度	物质化	实用主义	利己主义	急功近利	结果主义
物质化	1	0.552**	0.751**	0.609**	0.721**
实用主义	0.552**	1	0.618**	0.836**	0.781**
利己主义	0.751**	0.618**	1	0.658**	0.773**
急功近利	0.609**	0.836**	0.658**	1	0.717**
结果主义	0.721**	0.781**	0.773**	0.717**	1

注：**表示在0.01级别（双尾），相关性显著。

由表4-2-17可知，Pearson相关性分析结果显示：在 a=0.01的显著性水平，各维度间存在显著正相关关系，即若教师在某一维度的功利化程度越高，则该教师在其他维度的功利化水平也相对较高。一般而言，当相关系数的绝对值大于0.07，为高相关；当相关系数介于0.3到0.7区间，为中等相关。按照这一标准，该量表的相关系数处于0.552到0.836，且结果主义与物质化、实用主义、利己主义和急功近利处于高度正相关，急功近利和实用主义也处于高度正相关，其余呈中等正相关。

二、学生知识学习功利化调查的结果分析

（一）学生知识学习功利化的总体情况

本研究对学生知识学习功利化现状的表现概括为下面五个维度：知识学习物质化、知识学习急功近利、知识学习实用主义、知识学习利己主义和知识学习结果主义的总体情况进行分析，具体结果如表4-2-18所示：

表4-2-18　学生知识学习功利化总体情况（n=467）

维　度	物质化	急功近利	实用主义	利己主义	结果主义	总体特征
题项平均值	4.10	3.32	4.11	2.95	3.67	3.63
标准差	1.432	1.463	1.228	1.415	1.471	1.401

根据六级李克特量表积分法采用3.5分、4.25分、5分为被试者得分高低进行判断的临界点，因此，本调查中将各维度内题项的平均值在3.5～4.25分视为中等，平均值在4.25～5分视为较好，平均值在5分以上的视为很好。由表4-2-18可知，该量表的总均分及各个维度的平均值为3.63分，大部分超过3.5分，说明学生知识学习功利化程度中等。

教师知识教学功利化在这两个维度也表现中等。

总体而言，教师知识教学功利化的程度是中等的，教师知识教学功利化在物质化和实用主义方面最为明显，而在利己主义方面程度最不明显，在急功近利和结果主义方面程度一般。

（二）学生知识学习功利化的具体情况

（1）学生知识学习物质化方面的具体情况

学生知识学习物质化方面的具体情况主要从学习动机和学习评价两个维度展开，具体结果如表4–2–19所示：

表4–2–19　学生知识学习物质化在其子维度的具体情况（n=467）

子维度	平均值	标准差
学习动机(2、3)	3.87	1.525
学习评价(1、9、20)	4.25	1.371

由表4–2–19可知，两个子维度的平均值均高于3.5分，说明学生在知识学习物质化方面的程度一般，不是很突出。对于物质化维度下的两个子维度相比较而言，可以发现学习评价的物质化程度要高于学习动机的物质化程度，分别是4.25分和3.87分，说明大部分学生比较在意学习动机的物质化，看重学习评价结果的物质化。

表4–2–20　学生知识学习物质化在各题的具体情况（n=467）

题　项	平均值	标准差
(2)如果我的成绩考不好,父母就会觉得没有面子	3.61	1.557
(3)如果我成绩考得好,就可能得到老师更多的喜爱和关心	4.14	1.493
(1)我认为普通高中比中等职业学校的社会认可度高	5.02	1.229
(9)如果我成绩优异,就可能在班级事务管理中获得优先权	3.74	1.5
(20)如果我分数考得好,父母就会给我奖励	4.01	1.384

由表4-2-20可知，第2、3、1、9和20题的平均值在3.61～5.02分，说明存在学生知识学习物质化的情况明显。第1题的平均值最高，达到了5.02分，第2题的平均值最低，为3.61分，可以看出大部分学生较为在乎自己的升学情况，相比较不太在乎父母的面子。

（2）学生知识学习实用主义方面的具体情况

学生知识学习实用主义方面的具体情况主要从学习目标、学习内容和学习方法三个维度展开，具体结果如表4-2-21所示：

表4-2-21　学生知识学习实用主义在子维度的具体情况（n=467）

子维度	平均值	标准差
学习目标(5)	5.03	0.946
学习内容(6、7)	4.36	1.147
学习方法(10、11)	3.50	1.451

由表4-2-21可知，三个子维度的平均值均高于3.5分，说明学生在知识学习实用主义方面的程度明显。对于实用主义维度下的三个子维度相比较而言，可以发现学习目标和学习内容的实用主义程度较高，为5.03和4.36分，说明大部分学生会选择更加具体、实用的学习目标和内容。

表4-2-22　学生知识学习实用主义在各题的具体情况（n=467）

题　项	平均值	标准差
(5)我很关注所在学期的考试科目	5.07	0.946
(6)我能主动地花大部分时间对语数英进行预习	4.15	1.185
(7)我重点对课本或教辅资料的知识点进行预习	4.58	1.110
(10)有时我愿意利用其他学科的学习时间去做语数英作业	3.18	1.492
(11)重复地刷题背诵默写是我的主要学习方式	3.69	1.411

由表4-2-22可知，第5、6、7、10和11题的平均值在3.18～5.07分，

说明存在学生知识学习实用主义的程度明显。而第5题的平均值最高，达到了5.07分，第10题的平均值最低，为3.18分，可以看出大部分学生愿意在考点上花时间花精力去钻研和学习，但不会偏科或者偏激地放弃部分学科的学习时间。

（3）学生知识学习利己主义方面的具体情况

学生知识学习利己主义方面的具体情况主要从学习过程和学习评价两个维度展开，具体结果如表4-2-23所示：

表4-2-23　学生知识学习利己主义在子维度的具体情况（n=467）

子维度	平均值	标准差
学习过程（12）	2.43	1.362
学习评价（15、21、22）	3.50	1.465

由表4-2-23可知，两个子维度的平均值均小于等于3.5分，说明学生在知识学习利己主义方面的程度一般，不明显。对于利己主义维度下的两个子维度相比较而言，可以发现学生在学习评价上的利己性表现要高于在学习过程中的利己性。

表4-2-24　学生知识学习利己主义在各题的具体情况（n=467）

题　项	平均值	标准差
（12）教别人题目时，我时常觉得很麻烦	2.47	1.317
（15）有时看到别人的考试发挥失常而我正常发挥时，我会暗暗自喜	2.40	1.408
（21）等待分数出来的过程我很焦虑	4.17	1.456
（22）当别人的分数比我高时我会嫉妒	2.76	1.481

由表4-2-24可知，第12、15、21和22题的平均值在2.47～4.17分，说明学生知识学习利己主义的程度不明显。第21题的平均值最高，达到了4.17分，第15题的平均值最低，为2.40分，可以看出大部分学生的利己性是在一定的利他性的基础上开展下去的，与损人利己相比较，更加看重

在不伤害他人利益的基础上追求自己的个人利益。

（4）学生知识学习急功近利方面的具体情况

学生知识学习急功近利方面的具体情况主要从学习内容、学习方法和学习过程三个维度展开，具体结果如表4-2-25所示：

表4-2-25　学生知识学习急功近利在子维度的具体情况（n=467）

子维度	平均值	标准差
学习内容(4、16)	3.54	1.329
学习方法(13、14)	3.54	1.445
学习过程(8)	3.92	1.472

由表4-2-25可知，三个子维度的平均值均高于3.5分，说明学生在知识学习利己主义方面的程度中等。对于急功近利维度下的三个子维度相比较而言，可以发现学生在学习过程中更能呈现出急功近利的特点。

表4-2-26　学生知识学习急功近利在各题的具体情况（n=467）

题　项	平均值	标准差
(4)我经常在寒暑假期间提前学习新学期的内容	4.41	1.293
(16)我觉得课堂上学习的知识与日常生活关系不大	2.46	1.365
(13)一到期末上课我就常常做试卷	4.29	1.322
(14)我会在音体美课上学习语数英	2.79	1.596
(8)为了全力准备考试,我可以放弃我的兴趣爱好	3.92	1.472

由表4-2-26可知，第4、16、13、14和8题的平均值均在2.46 ~ 4.41分，说明存在教师知识教学急功近利的程度不明显。第4题的平均值最高，达到了4.41分，第16题的平均值最低，为2.46分，可以看出大部分学生知识学习急功近利更多表现在提前学习知识，但是不会区别对待语数英和其他学科。

（5）学生知识学习结果主义方面的具体情况

学生知识学习结果主义方面的具体情况主要从学习目标和学习评价两个维度展开，具体结果如表4-2-27所示：

表4-2-27 学生知识学习结果主义在子维度的具体情况（n=467）

子维度	平均值	标准差
学习内容(17)	3.97	1.492
学习评价(18、19、23、24)	3.58	1.466

由表4-2-27可知，两个子维度的平均值均高于4.25分，说明学生在知识学习结果主义方面的程度一般。对于结果主义维度下的两个子维度相比较而言，可以发现学生更看重学习内容的结果主义，而不是学习评价的结果主义。

表4-2-28 学生知识学习结果主义在各题的具体情况（n=467）

题　项	平均值	标准差
(17)我倾向于参加对考试升学有帮助的活动课程	3.97	1.292
(18)我的学习结果主要通过分数来体现	3.71	1.502
(19)我很在乎自己的成绩排名	4.26	1.289
(23)当我的分数比别人高时,才能证明我比别人更优秀	3.1	1.528
(24)比起其他学科的考试分数,我更重视语数外的考试分数	3.28	1.548

由表4-2-28可知，第17、18、19、23和24题的平均值在3.1～4.26分，说明存在学生知识学习结果主义的程度一般。第19题的平均值最高，达到了4.26分，第23题的平均值最低，为3.1分，可以看出学生比起在学习结果上与他人进行攀比，更看重自己学习结果的分数化排名化体现。

（三）学生知识学习功利化在人口统计学上的差异

（1）学生知识学习功利化各维度在性别上的统计学差异

本研究利用独立样本t检验对学生知识学习功利化各维度在“性别”上是否存在显著性差异进行了检验，发现只在物质化维度上存在显著性差异，结果如表4-2-29所示：

表4-2-29　学生知识学习功利化各维度在性别上的差异（n=467）

维度	题项	性别	平均值	标准差	均值方程的t检验	
					t值	p值
物质化	如果我成绩考得好，就可能得到老师更多的喜爱和关心（第3题）	男	4.64	1.605	3.482*	0.001
		女	4.13	1.489		
	如果我成绩考得好，就可能在班级事务中获得优先权（第9题）	男	3.88	1.503	2.184*	0.029
		女	3.57	1.483		

注：*表示平均值差值的显著性水平为0.05。

由独立样本t检验的结果可知，学生知识教育物质化维度在性别上有显著差异，p值为0.001而小于0.05。经事后检验可知，男生更希望得到老师的关心和喜爱，而女生仅次之。学生知识教育物质化维度在性别上有显著差异，p值为0.029而小于0.05。经事后检验可知，男生更希望在班级事务中获得优先权，而女生仅次之。

（2）学生知识学习功利化各维度在学习状态上的统计学差异

本研究利用单因素方差分析对学生知识学习功利化各维度在“学习状态”上是否存在显著性差异进行了检验，发现实用主义和利己主义两个维度在“学习状态”上存在显著性差异，结果如表4-2-30所示：

表4-2-30 学生知识学习功利化各维度在学习状态上的差异（n=467）

维度	题项	学习状态	平均值	标准差	均值方程的t检验	
					t值	p值
实用主义	我很关注所在学期的考试科目（第5题）	很差	4.00	1.871	10.318*	0.000
		较差	4.43	1.168		
		一般	4.98	0.887		
		较好	5.15	0.893		
		很好	5.52	0.738		
	我重点对课本或教辅资料的知识点进行预习（第7题）	很差	4.00	1.871	9.773*	0.000
		较差	4.43	1.168		
		一般	4.98	0.887		
		较好	5.15	0.893		
		很好	5.52	0.738		
利己主义	等待分数出来的过程我很焦虑（第21题）	很差	4.20	1.924	4.060*	0.003
		较差	4.08	1.422		
		一般	4.31	1.301		
		较好	4.25	1.530		
		很好	3.46	1.758		

注：*表示平均值差值的显著性水平为0.05。

由单因素方差分析的结果可知，学生知识教育实用主义维度在成绩排名和学习状态上有显著差异，p值都为0.000而小于0.05。经事后检验可知，学生的学习状态越好的，其知识学习实用主义倾向越强，学习状态越不好的越容易产生学习焦虑。

（3）学生知识学习功利化各维度在成绩排名上的统计学差异

本研究利用单因素方差分析对学生知识学习功利化各维度在“成绩排名”上是否存在显著性差异进行了检验，发现：急功近利和实用主义维度在“成绩排名”上存在显著性差异，结果如表4-2-31所示：

表4-2-31　学生知识学习功利化各维度在成绩排名上的差异

维　度	题　项	成绩排名	平均值	标准差	均值方程的 t 检验	
					t 值	p 值
急功近利	我经常在寒暑假期间提前学习新学期的内容(第4题)	后5名	4.26	1.485	2.917*	0.021
		后6至后10名	4.02	1.342		
		居中	4.39	1.266		
		前6至前10名	4.64	1.164		
		前5名	4.69	1.342		
实用主义	我重点对课本或教辅资料的知识点进行预习(第7题)	后5名	4.47	1.219	4.477*	0.001
		后6至后10名	4.76	1.082		
		居中	5.07	0.872		
		前6至前10名	5.12	0.896		
		前5名	5.29	0.948		
	我经常采用刷题、背诵、默写的学习方式(第11题)	后5名	3.47	1.577	3.701*	0.006
		后6至后10名	3.64	1.260		
		居中	3.89	1.382		
		前6至前10名	3.46	1.396		
		前5名	3.20	1.529		

注：*表示平均值差值的显著性水平为0.05。

由单因素方差分析的结果可知，学生知识教育急功近利维度在成绩排名上有显著差异，p 值为0.000和0.021而小于0.05。经事后检验可知，九年级的前5名学生更倾向于在寒暑假提前学习新学期的内容。学生知识教育实用主义维度在成绩排名上有显著差异，p 值为0.001和0.006而小于0.05。经事后检验可知，学生的成绩排名越靠前的，其知识学习实用主义倾向越强。学生的成绩排名中等偏下的学生会更加采用刷题、背诵和默写的方式，但成绩前5名的学生却不太会采用。

（四）学生知识学习功利化各维度的相关性情况

本研究利用Pearson相关系数对学生知识学习功利化各维度的相关性情况进行了分析，具体结果如表4-2-32所示：

表4-2-32　学生知识学习功利化各维度的相关性

维　度	物质化	实用主义	利己主义	急功近利	结果主义
物质化	1	0.408**	0.530**	0.629**	0.656**
实用主义	0.408**	1	0.257**	0.412**	0.401**
利己主义	0.530**	0.257**	1	0.614**	0.624**
急功近利	0.629**	0.412**	0.614**	1	0.622**
结果主义	0.656**	0.401**	0.624**	0.622**	1

注：**表示在0.01级别（双尾），相关性显著。

由表4-2-32可知，Pearson相关性分析结果显示：在 a=0.01的显著性水平，各维度间存在显著正相关关系，即若学生在某一维度的功利化程度越高，则该学生在其他维度的功利化水平也相对较高。一般而言，相关系数介于0.3~0.7区间，为中等相关。按照这一标准，该量表的相关系数处于0.257~0.656，相对来说，各维度处于中等相关。

三、调查结果反思

第一，被调查的学校知识教育功利化程度中等，在实用主义维度上更突出。

总体而言，学校知识教育功利化的程度中等，《教师知识教学功利化量表》中总均分为4.54分；《学生知识学习功利化量表》中总均分为3.63分，综合起来看，两者的均分都高于3.5分，说明学校知识教育功利化的程度处于中等水平。且比较两个问卷在功利化五个子维度的侧重点时，可以发现学校知识教育在实用主义维度上表现得更明显，且重点表现在对教学目标和教学内容的设置和选择上。最不突出表现在利己主义维度上，虽然教师和学生在知识教育中会特别关注考试分数和排名，但都是在不伤害他人利益的前提下，追求自身的利益。这涉及了上述对功利主义理论分析中道德功利主义中对利己主义的分析，这种利己主义是一种正向的对个体自由的向往，并不是世俗意义上的损人利己。其余维度的功利化水平也都处于中等。

第二，被调查的学校知识教育功利化表现在统计学特征上存在显著性差异。

学校知识教育功利化表现在性别、成绩排名、学科等方面有显著差异。如在性别上，通过上述数据分析可以发现，与女性相比较，男性在知识教育功利化的表现程度更深，具体表现为男教师更可能设置可测量化的教学目标，非常赞同测试或练习的正确率来判断教学效果和更苦恼后进生的学习成绩；男学生更在乎学习评价的结果化、物质化，如能否得到老师更多的喜爱和关心以及能否在班级事务中获得优先权等。又如在年级上，通过上述数据分析可以发现，随着年级的递增，师生们的知识教育功利化程度越深。再如在学科上，师生对语文、数学、英语学科的教学功利化程度更突出，学生愿意花更多的时间。

第三节　知识教育功利化的问题表征

基于上述知识教育功利化调查结果的分析，发现知识教育功利化存在以下几个问题，分别表现在：知识教育的准备阶段具体表现为教学设计取向认知化、教学目标设置测量化；知识教育的实施阶段具体表现为教学内容选择考点化、教学方法主张效率至上和教学过程偏向利己性；知识教育的评价阶段具体表现为教学评价对象分数化、教学评价标准单一化和教学评价结果物质化；为了优绩的知识教育：在测量化的评论中走向优绩主义。下面致力于阐释这些功利化行为的具体内容。

一、知识教育准备阶段：教学设计取向认知化与教学目标设置测量化

在知识教育准备阶段，主要存在教学设计取向认知化和教学目标设置测量化这样的问题。教学设计取向忽视了学生人格健康发展的需要，更加偏向于以认知和行为导向为主。认知化的教学设计取向直接导致了教学目标设置的可测量化，特别关注知识与技能的掌握情况，忽视思想感情教学目标的实现。教学在逐渐失去育人的价值，走向了偏实用的工具价值。

教学设计取向认知化的问题在于尊崇传统知识本位进行教学设计，而

且这类知识以书本知识为主。虽然现在学科育人思潮已经成为教学改革的重点，但是有些教学设计取向还是存在以知识技能传授为主，不太重视学生的人格领域。也许并不是因为思想精神领域的东西不重要，而是教师经常被考试方面的焦虑驱动着，竭尽全力覆盖所有知识，争取做到面面俱到[①]。教学的本质不再是为了学生而教学，而是变成为了知识而教学，知识的工具价值得到了特别放大。传统的教学模式禁锢了教师独立的思考，它把教师培养成教书匠，但是在知识快速更新的21世纪，教师还能轻松胜任教书匠的工作吗？面面俱到的知识传授在逐步加重教师的教学负担。当学生从书店里可以买到优质的教辅资料，在网络上接受丰富的教学资源时，现实中学校教学又能充当多大的教学作用呢？很多事例都向我们表明，教学设计取向的认知化已经不太能适应现在的教学需求了，换句话说，教学设计取向一味地认知化，最终会导致教学工作的枯燥乏味，丧失教学中其余意义性的生成。学生的学习动机外部化明显，如为了得到父母和老师的表扬，为了使自己在班级中有更高的权利等。本研究通过问卷调查发现，与女生相比，男生在学习动机物质化方面表现更显著。根据本次研究的调查数据，与女生相比，男生更依赖于外部的表扬和实际的权益。

在实际教学目标设计中，教师大多还是过于关注教学目标的预设。在本次调查研究中，有83.1%的教师会选择多设计可测量的教学目标。教师更着力于“教案”的设计与实施，旨在按照教师预设的逻辑顺序为学生铺就学习之路[②]。结果就是越是关注预设的教学目标，越不容易生成新的目标。与此同时，教师会努力选择那些能达到很好测量效果的目标，如“知识与技能”“理解与记忆”等显性学力，而其他隐性学力因隐藏在冰山下显得默默无闻[③]。这就会导致容易测量的教学目标被放大被固化，在不容易测量的教学目标面前望而却步，知难而退。教学目标之间不再是动态

① 怀特.儿童幸福与学校教育[M].杨杏芳，赵显通，译.北京：教育科学出版社，2021：88.

② 钟启泉.课堂研究[M].上海：华东师范大学出版社，2016：67.

③ 钟启泉.课堂研究[M].上海：华东师范大学出版社，2016：68.

地、有逻辑地进行展开，而是变成了模式化、机械地排列。于是学生在设定学习目标时，会自然地聚焦学科。正如在现实中，学生每天会在自己的笔记本上分门别类地记录下每日的学习目标，语文需要学习哪些古诗、数学需要学会哪些公式、英语需要学会哪些单词，诸如此类，这一定程度上都在潜移默化地显示出学习目标的分散、零碎和非系统的。不仅如此，学习目标科目化的同时，还伴随着科目化的排序。这直接体现在学生会针对学科的考试分值进行重要性排序，分值越高的科目重要性就越大，相反则越小。所以在实际教学中会存在“学科区分”等现象。在本次研究中虽然没能调查出学生在不同学科重视程度上的差异，但是学生关注考试科目的现状很显著，尤其表现在成绩排名靠前的学生的维度平均值在4.25分以上，最高达到5.29分，越是关注考试科目的学习。可以说越是重视学业成就的学生，制定学习目标时，越会关注学业成就的测评标准。很明显，本次研究中选定的考试科目就是其中标准之一。

二、知识教育实施阶段：方法上的效率至上与内容选择的考点化

在知识教育实施阶段，主要存在教学内容选择考点化、教学方法主张效率至上和教学过程利己主义等这样的问题。教学内容以考定教、以考定学，从固定化的学科知识中又进一步圈定了应试的考点知识。教学方法上更趋向于高效率，倡导用反复地背诵、记忆和刷题等方法来快速地认知。教学过程中，师生双方都很在意彼此的教学利益，教师还是在采用传统的以教师为中心的教学模式，学生也以在同伴竞争中获胜为目标。整个教学过程中，往往都是个体独自探索，缺少合作交流。

知识教育功利化还体现在教学方法和学习方法效率至上。例如同样是知识教育的方法，程序教学法相比较发现教学法更受教师欢迎，因为程序教学法花费的时间少于发现教学法，更适合大部分学生对基础知识的掌

握。在本次调查研究中，结果显示教师各维度的平均值均在4.55分以上，有些教师整体上都很赞同学习并教授一些能短时间提高学生考试分数的方法给学生，尤其是教师的年龄越大，越会尝试学习并传授一些短时间提高考试分数的方法给学生。这些方法包括狠抓基础知识和概念的默写、刷题、归纳一些应试小技巧、积累一些答题模板等。这些教学方法的本质是提高学生对知识的机械记忆和练习，但只能在短期内满足学生对基础知识的学习需要，无法提升知识学习的迁移能力和整合能力。“刷题”是近年在网络上比较流行的教育热词。“刷题”就是指不停地做题目的意思，其最大的特点就是“超量”和“盲目”①。这种学习方式的好处就是可以更好地帮助学习者快速地掌握固定的知识。这与我们上面提到的学习内容的知识化有很大关系。但当学习内容确定下来，学生接下来需要去思考的是用什么样的方法把这些知识记住，当然越快越好。除去背诵记忆，“刷题”成了不二之选。其实与“刷题”相对应的是练习与作业，当然很明显的是“刷题”是消极的练习和作业。选择“刷题”的学习者只是为了掌握知识而练习，他并不在乎练习是否对他内在的思想和情感提升起到了多大的作用，他唯一能确定的是要把题目做对，做得和标准答案一样好就行了。本次研究结果发现，如成绩排名前5名的学生，不太会采用“刷题”的学习方法，而其余成绩排名阶段的学生或多或少都会采用“刷题”这种学习方法。是不是成绩排名靠后的学生没能找到适合自己的学习方法？为什么尖子生不太采用“刷题”的学习方式而其余学生大多会采用“刷题”的方式呢？

知识教育功利化在教学内容方面显著表现为考点化，主要体现在：有些教师认可把学科知识教好就行了，赞同知识点考点化和有些学生可以提前对课本或教辅资料的知识点进行预习。在本次问卷调查中，有88.2%的教师认可，如果能把教学内容进行肢解，找出更贴近的考试的知识，这样是可以方便自己进行教学的。这一点也是新手教师和熟练教师的教学功利

① 梁旭.从刷题到精准做题：认识功能·认清责任·转变做法[J].物理教学，2019(11)：47.

化差异之一。熟练型教师在进行教学内容选择的时候，会比新手教师更容易找到考点，大概是因为在丰富的大考小考中，积累了较多的实战经验。考点是对教学知识点的进一步提炼和预测，是使学生学习偷懒的一种手段。正如在大学里教授减少教学，学生和教授互为对方打高分，这种师生间的“默契”就会催生学生的低质量习作换取更多的分数①。放在学校可以理解为，教师通过教授考点，减少学生的思考；学生在考试中获得好分数，教师获得额外的奖励。本次调查研究结果显示，学生的成绩排名维度的平均值在3.63～4.8分，表明不管成绩排名高低，大部分学生都会选择提前预习课本中的知识点。而对于学生来说，可以供他们学习的资源有不少，这些资源可以来自家庭、社会和学校等不同的环境，也可以通过言传、书本和网络等不同的媒介，甚至可以从教师、亲人、朋友等不同的群体中获得。但是当学生进入学校之后，所有的学习资源都是围绕统一发放的基础教材展开，其知识权威性、确定性成了学生应当去学习它的理由。当学生发现他们所要学习的知识只是一座静态伫立的“山”的时候，他们需要发挥的就是不停地“挖”，换句话说，就是从课本中提取知识点，把知识点全盘接收，装进脑袋里就可以了。当然最极端的做法莫过于把书上每一句话都记下来，较常见的是靠教师或教辅资料的帮助。正如有的学校狭隘地把学习的广度理解为对所有主要的知识形式的覆盖范围，而不是人类追求幸福的种种活动②。

三、知识教育评价阶段：形式的分数化与标准的单一化

在知识教育评价阶段，主要存在教学评价对象分数化和教学评价标准单一化等问题。教学评价对象完全指向学生的学业成绩，主要以考试分数和等级为主，片面地以学生的考试分数和等级来判定学生的学习效果。教

① 德雷谢维奇.优秀的绵羊[M].林杰，译.北京：九州出版社，2021：59.

② 怀特.儿童幸福与学校教育[M].杨杏芳，赵显通，译.北京：教育科学出版社，2021：序言3.

学评价标准呈现出单一化、强制化和外在化的特点，评判的标准以客观的知识与技能为主要内容，考核的方式主要是以读、写、算的书面考试形式为主。单一分数化的评价制度是知识教育功利化最根本的问题。

知识教育评价形式的功利化直指学生的学业成绩。这里的学业成绩直指学生的考试等级和分数。本研究中教学评价形式分数化主要体现在教师的教学成绩和学生的学习结果等方面。其中教学评价形式分数化与教师的教龄、学生所处年级成正比。

第一，有的教师教龄越久，越看重学生的考试分数。在此次问卷调查中，研究结果显示教师的教龄各项维度的平均值均维持在4.221～5.36分，而且从小到大逐渐递增，表明部分教师的教龄越久，越看重学生的考试分数。

第二，有的学生所处的年级越高，越看重自身的考试分数。在此次问卷调查中，研究结果显示学生所处年级的平均值均在3.49分以上，且随着年级增长而递增，最高达到了3.91分，说明部分学生随着年级的增长，越看重评价形式分数化。这可能与现在的升学制度有关，学生们都想进入更好的学校接受更优质的教育资源，但是问题在于：仅用认知化的考试分数来衡量一个学生的学习成果是合理的吗？或者说，对于那些考试分数不理想的学生来说，这样的评价制度是不是让他们备受伤害？客观知识技能只是一个学习评价的工具，分数化的评价背后是为了让学生发现自己学习中存在的问题，为下一步学习制订更好的计划，而不是为了分数而评价。

知识教育评价标准的功利化体现在外在性、强制性和简单化的特征。本研究中教学评价标准单一化主要体现在：比起其他类型的作业，大部分教师经常布置书面作业；认为学生对知识的掌握情况最为重要和学生非常关注所在学期的考试科目等方面。

第一，比起其他类型的作业，大部分学科的教师都经常布置书面作业，而且除了音体美学科之外，其余学科更频繁。在此次问卷调查中，研究结果显示，除了音体美学科维度的平均值是3.73分，其余学科维度的平均值均在4.49～5.67分，表明几乎其他学科教师，比起其他类型的作业，更频繁地布置书面作业。

第二，几乎其他学科教师都认为教学评价中最重要的是学生对知识的掌握情况。在此次问卷调查中，研究结果显示所有学科维度的平均值都在4.42～5.7分，表明所有学科教师，非常看重教学评价中学生对知识的掌握情况。

第三，成绩排名越高，越看重所在学期的考试科目。在此次问卷调查中，研究结果显示了不同成绩排名的学生与关注所在学期的考试科目成正比，成绩排名的维度的平均值在4.47～5.29分，说明不同成绩排名的学生都很看重所在学期的考试科目。

总的来说，基于认知层面的知识可以采用读、写、算的记忆背诵、默写的书面考试评价方式，实际操作类的知识不适宜采用书面考试评价方式，却还采用简单的评价方式。外在标准能测量的只是一小部分，教学中还有不少值得测量的东西，如教学幸福感、友谊、信赖感、勇气等。但这些具有内在教学价值的东西被不少教师忽视。

四、为了优绩的知识教育：在测量化的评价中走向优绩主义

知识教育功利化在教育评价观上的成因主要是由评价对象缺乏内在生命力、思想情感类评价标准抽象化和评价结果受“优绩主义”影响所构成。一旦教学评价对象不再关注人的本质，就会变成一串串数字；有关思想情感类的评价标准抽象化、不易实施；评价结果容易被再利用为管理教师得到奖励或惩罚的工具。

教学评价的对象不再关注人的本质，而变成一串串数字代号，不再关注评价主体的成长发展，从而变成静态的分数导向。教学评价所关注的是教师所教班级拥有较好的考试分数和所教个体拥有较好的考试分数。于是教学评价的一切指标和意义都分数化，以致学生学业成绩的好坏一直是教

学评价的重点。如果一个教师所教班级的考试分数一直不理想，那么他获得外在认可和奖励的概率就会非常小。这样的话，就很好解释：为什么教师经常偏爱那些书面表达能力强的学生，而不太喜欢那些在公开讨论中思维活跃的学生。“学生之间要不要培养深厚的友谊”这个问题充其量只是被宽容，而不是被鼓励，因为它与考试成绩无关[①]。而现实访谈调查结果显示评价对象标准化、不重视个性化的发展。学生因其受教育程度、家庭背景以及个性发展的不同，对待同一学习内容也会有不一样的体验，针对不同的学生，大部分教师只能单一地以升学率作为评价主体，在对待不同学生的教学差异的问题上，教师也是无奈。

在本次访谈调查中，了解到部分教师不太了解教学评价的功能，往往只局限于掌握客观知识技能的工具价值，片面地理解为教学评论的功能就是对客观知识和技能的掌握，对思想情感类的评价标准不够重视，认为这样的指标更像是一种教学的素养和能力，比较抽象化，不是很具体。如在提及有关学生在思想情感类目标完成情况时，任教七年级语文的王老师表示，“思想情感类的教学目标完成很难，如《秋天的怀念》，我们读起来很感动，但是学生往往不能理解，他们对父母有不满，只能以文言文、古诗、考试为主，去判断他们完成的情况”；还有如教八年级体育的姚老师，在面对这一问题时也感到很无奈。他指出，“体育教学的目标比较直观，以身体锻炼为主。有些孩子就是不喜欢体育，只能通过比赛和合作来引导他们培养集体荣誉感”。通过问卷调查，结果发现不少学生仅用单一的学科知识掌握情况来判断他学习结果的好坏：我这门知识考得好，代表我是一个聪明娃；我这门知识考得低，代表我是一个笨小孩。学生对学科知识的评价不再是对知识本身学习的满意程度，反而变成了一种极端心态的两种转换——自信与自卑。对于那些在考试中获得高分的学生，他们会觉得自己比别人更优秀，而那些在考试中获得低分的学生，他们会觉得自己分

① 怀特.儿童幸福与学校教育[M].杨杏芳,赵显通,译.北京:教育科学出版社,2021:93.

文不值[①]。

对于相关教学研究人员，收集和分析教学评价的结果是为了发现教学问题，促进教学改革的。可是对于部分学校和部分教师来说，“绩效主义”是为了精细化评判学校教育教学工作完成的量化情况，从而实施经济奖励和惩罚的企业管理模式[②]。在此次调查中发现，有些教师深受其害。对于来自一线的卢老师来说，“只有拼，特别是大的学校竞争压力就更大，新教师相比较老教师教学竞争压力更大。因为工资绩效、职称评比方面都与此挂钩”；刚开始进入工作的王老师直言，“工资绩效与考试成绩挂钩的，倒数的会扣钱，数目不多，但是教师大会上会点名批评”。更严重的是，教学评价结果的绩效化利用会加剧教师之间教学竞技化，加重学校教育资源分配公平问题，也让学生早早地就过分追求教育的工具价值和物质价值，致使教育背离“成人”之初心而完全趋向“成事”之功利。

① 德雷谢维奇.优秀的绵羊[M].林杰，译.北京：九州出版社，2016：47.

② 石中英.回归教育本体：当前我国教育评价体系改革刍议[J].教育研究，2020(9)：9.

本章小结

通过问卷调查和个案访谈而对个别学校知识教育的功利化状况展开调查，可以发现：被调查的学校知识教育功利化程度中等，在实用主义维度上更突出，被调查的学校知识教育功利化表现在统计学特征上存在显著性差异。

知识教育功利化的问题表征有四个方面：在知识教育准备阶段，教学设计取向认知化与教学目标设置测量化；在知识教育实施阶段，方法上的效率至上与内容选择的考点化；在知识教育评价阶段，形式的分数化与标准的单一化；为了优绩的知识教育，在测量化的评价中走向优绩主义。

第五章　知识教育的伦理回归

本章导读

知识教育是以知识为内容、以知识掌握为目标的教育。但知识教育不仅仅是求真的活动，它有自身的伦理规定。这种伦理规定，一方面体现为知识自身的价值属性，如知识与信念、知识与信仰、知识与幸福等；另一方面体现为知识教育作为教育的一种形态必须满足教育伦理的要求，这种伦理要求既体现为教育过程中的伦理要求，也体现为教育目的上的伦理要求。

在人类历史上，知识教育先后经历了三种不同的形态，这三种不同形态的历史演变与知识观的历史变迁有紧密的联系。在古代社会，无论是古希腊还是中国的先秦时期，知识都是与个体的德性融为一体的，知识首先体现为伦理知识。在近代社会，知识的价值发生了根本的转变，知识成为改变世界的力量。进入现代社会，知识开始从科学走向技术，知识不仅代表着力量，更代表着能力、权力和财富。在这一过程中，知识教育的价值取向随着知识观的演变而发生了巨大的改变。知识的科学化使其在社会各个领域都发挥出巨大的影响力，知识不再只被认为是人类认识的成果，还成为时代性的价值符号而渗透于社会生活的一切领域。在这种背景下，学校教育的知识化趋势越来越明显，渗透于课程、教学、课堂等所有的教育环节中，最终导致扭曲现象。

现代教育的知识化及其带来的伦理困境并不容易在短时间内消解，它需要美好教育的价值引领，要超越功利化的优绩主义逻辑，重构学习空间，为学生的知识习得建构一种伦理的方案，使学校尤其是班级成为伦理性的教育实体，为学生的知识学习提供一种伦理型的文化氛围。

第一节　超越优绩主义：知识教育评价的伦理回归

在优绩主义看来，社会应当依据“优绩”来对一个人进行评价，在机会均等的情况下，“成功”所依赖的不是世袭的地位，而是个人的才能和努力。对个人努力的鼓励使优绩社会同时成为一个有效率的社会，因为它力图调动所有人的积极性和主动性；同时，它依据“优绩”论功行赏，又被视为公平。优绩制之所以被青睐，首先就在于它所给予的效率和公平的承诺，但并不止于此，优绩主义更大的诱惑在于：它使人们相信我们的命运掌握在自己手中，我们的成功不受制于自己无法控制的力量，而取决于我们自己[①]。优绩至上的理念已经渗透企业、学校、医院等领域，成为支所构成的惊人的消费和丰盛现象①。这使我们置身于消费时代，通过不断地占有物质，从而达到对商品符号价值的满足感。这种消费文化观同时加剧了人们对公共教育资源的争夺。学校教育把个人的生存作为其核心价值，通过竞争加以鼓舞和宣传，即“多一点的东西”就可以成为“本身的东西”②。这并不等同于前面谈到的道德功利主义对个体自由和需要予以肯定的利己主义精神，其本质是一种以数量取胜为目标的世俗功利主义观念。

一、优绩至上：功利性知识教育的内在逻辑

1958年迈克尔·杨在《优绩主义的起源》一书中首次提出“meritocracy”，意指将社会中的物质财富、社会地位、政治权力等建立在个体才能和努力之上的制度化安排。“meritocracy”在词源上由“merit”与“cracy”组成，其中“merit”意为优点、价值、功绩等，“cracy”意为统治、政体、社会或政治阶层等。因此，在汉语世界，最初往往根据字面意思译为“贤能政治”“精英阶层”“精英主义”等，对“精英”和“贤能”的强调意在表明“meritocracy”对贵族世袭的传统社会治理模式的颠覆，并以基于贤良才德的精英治理模式取而代之。但这种翻译少了“上升”的动态意味，即“cracy”所表达的阶层是建立在功绩（“merit”）的基础之上的，从而只要取得一定的“功绩”便可实现阶层之间的流动和跃迁。2019年刘擎教授将“meritocracy”译为“优绩主义”，去除了“贤能”中的道德成分，同时通过“优”而凸显“meritocracy”对个体“才能”的强调③，“优绩主义”意在表明“meritocracy”既非以血统为依据的“身份至上”，又非基于政治

① 让·波德里亚.消费社会[M].刘成富，全志钢，译.南京：南京大学出版社，2000：1.

② 让·波德里亚.消费社会[M].刘成富，全志钢，译.南京：南京大学出版社，2000：27.

③ 袁野，林红.“能者得其位”与差异政治：西方优绩主义及其悖论[J].当代世界与社会主义，2022(4)：108.

安排的“平等至上”，而是基于努力和能力的“优绩至上”的社会。毫无疑问，相较于贵族世袭制，盛行于现代社会的优绩主义代表了人类文明的巨大进步，贝尔甚至将其作为理想社会的“代表词”，他在《后工业社会的来临：对社会预测的一项探索》中说，后工业社会将由能者统治，人们基于其技术能力、教育水平而取得相应的地位和收入[①]。现代社会不再是福柯意义上的由医院、疯人院、营房和工厂构成的“规训社会”，而是由健身房、办公楼、银行、机场、购物中心等构成的“功绩社会”[②]，其中的每个人，无论能力大小，都全力以赴地朝向自我的人生目标奋斗，所有人都自发而非被迫地行动，并相信只要肯付出努力就“一切皆有可能”。

优绩主义不是一种思想家的理论建构，而是对时代基本状况以及对渗透于时代的价值信念的实践凝练。优绩主义以机会均等为基本前提、以公平竞争为基本方式、以自我成功为基本目标、以优绩至上为基本原则，它强调努力和个体能动性，它鼓励人们努力奋斗、发挥主观能动性，并许诺给予相应的收入与机会[③]。优绩主义通过“优绩至上”的价值理念而将“个人负责”和“自由至上”作为其哲学根据。于是，它在政治上与基于公民个体意愿的现代政治理念相符合，在经济上与强调个人努力的市场主义相一致，与此同时，它契合了人们在现实生活中所奉行的“天道酬勤”等日常观念。在这种情况之下，优绩主义的盛行就不是一种偶然的现象，而是时代的必然。人们依靠自身既有的能力和持续的努力来“积极生活”，优绩主义在这一过程中被视为一种积极的推动力而渗透进学校教育的各项事务当中，学校中的知识教育自然遵从着优绩主义的价值逻辑。

然而，学校教育评价的含义正在发生变化，它不仅是对学生知识获得情况的评价，更多的是通过知识掌握情况而对学生进行评价，而且教育评

---

① 丹尼尔·贝尔.后工业社会的来临：对社会预测的一项探索[M].高铦，王宏周，魏章玲，译.北京：商务印书馆，1984:451.

② 韩炳哲.倦怠社会[M].王一力，译.北京：中信出版社，2019:16.

③ 朱慧玲.作为分配正义的优绩主义[J].伦理学研究，2022(3):76.

价中的诊断功能日益淡化，而对学生的甄别功能日益加强，从而完成了从对知识习得情况的评价到对学生的评价的转换。评价重心的转换使教育评价从一种评价行为演变成一种管理行为，诊断性评价指向学生的发展与成长，而管理行为的目的是效率的提升。这种从“教育评价”到“人员甄别”的转换使学校教育评价的“管理化”倾向日益严重。它通过一定的管理技术和相应的管理程序使教育评价活动成为具有可操作性的技术性工作，而这种可操作性的实现往往是以降低教育评价的复杂性为手段、以消除知识教育的丰富性和不确定性为代价的。

优绩主义在学校教育中有着特殊的表现。它通过等级化的标准设定为“优绩”的生产寻找根据，通过将“绩效”与教师和学生的生存建立必然性联系而引起所有相关人员的关注，更重要的是，它借助“公平的程序”而使所有人对其产生内心的认同。

第一，学校普遍以等级化的标准作为确定绩效的依据。对于这样的教育评价来说，标准的制定至关重要，因为它所关涉的不仅仅是指出什么样的知识更重要、有“价值”，还是与所有教师的生存境况、利益分配和发展前景等密切相关的头等大事，更是关乎学生未来命运的大事。也正因此，学校都制定了完备的等级化评价标准体系。不同的等级意味着不同的绩效，以及不同的荣誉和利益。

第二，以数量化的“绩效”对学生情况进行考核和奖励。等级设定和不同等级的量化规定，大大减轻了教育评价的工作难度。也就是说，一方面，等级化、业绩化标准的制定使学校教育评价客观、公正，另一方面，使学校的教育管理工作更有效率。更重要的是，作为公开的标准，它公平地面向所有人，能否取得相应的成就完全取决于个体的才能和努力。优绩主义评价模式因为对个体才能和努力的重视，同时因为它赋予所有人公平的成功机会，所以得到多数人的普遍认同和支持。

学校中的优绩主义教育评价与一般优绩主义有着共通之处。它同样以机会均等为前提、以公平竞争为方式、以自我成功为目标、以优绩至上为原则，同样鼓励努力、重视才能、坚守公平，并尊重功绩、奖励优秀。然而，教育评价工作的特殊性使其在运行中又呈现出自身的独特性。教育评价本质上是对知识掌握状况之评价，然而衡量的复杂性、评价方案的可操作性，以及评价过程中高昂的时间成本等，使得师生的“功绩”难以客观地被评估。在具体执行过程中，为了使评价更为科学公正，成绩的获得转而通过更具客观性和说服力的证据和数据来计算“绩效”。这种绩效的计算遵循的乃是一种以循证为根据、以测量为方式的“证据文化”，奉行的是“凡是存在的东西都有数量，凡是有数量的东西都可测量”的“评价哲学”。它强调评价方案的“科学性”、重视评价依据的事实性。通过这种基于“基本事实”的“科学评价”，计算每位学生的成绩，并基于绩效对其进行相应的物质或精神奖励。相应地，这种奖励因为绩效的客观性和科学性而被视为优胜者在道德上的正当权益，优绩主义教育评价因而成为一个伦理事件。然而，“绩效”对“价值”的替代使优绩主义教育评价不断地遭受着种种伦理上的诘问。

二、知识教育优绩逻辑的三个承诺

依据优绩主义评价原则，只要一个人拥有一定的才能，并愿意付出努力，便可以获得学术方面上升的机会，一个人最终的学术地位和经济状况始终只与自己的努力和才能直接相关[①]。如此一来，优绩主义一方面对所有人给予了公平性的承诺，另一方面让他们的才能都有了尽情发挥的社会空间，使所有人坚信只要通过自我的才能和努力就可以获得成功的机会。于是，优绩主义便通过“得其应得”的正义观念以及“庸者下，能者上”的朴素道德逻辑在学校获得了广泛的伦理支持。

① 朱慧玲.作为分配正义的优绩主义[J].伦理学研究,2022(3):74.

（一）优绩主义基于“功绩”进行正义的分配

在优绩主义看来，一个人在社会中得到与才能、勤奋和优长相匹配的财富、地位、荣誉等等；换一种说法就是，应当以一个人的表现、业绩和贡献为根据来分配其应得[①]。因此，优绩主义首先意味着基于“应得”观念的正义安排。

“应得”源于一种古老的正义观念，而且这种正义的概念是按照功绩（merit）和应得（desert）来定义的[②]。正义就是所得与个人之功绩的相符。显然，在优绩主义理念中内在地包含了“应得”的观念。但这种应得既非古希腊时期的德性论意义上的应得，也非基于贵族身份上的应得，而是基于功绩，优绩主义的“应得”观念表达的是：如果一个人的杰出才能让部分人受益而没有人受损，那拥有这项才能的精英理应获得高额市场回报[③]。就此而言，优绩主义之所以能被作为教育评价的主要原则并非偶然，而是有着充分的正当性与合理性，它从根本上排除了依据个体的出身、财富、社会阶层等进行分配的古代观念。

应得观念背后包含着“谁应得”“应得什么”和“为什么应得”的分配逻辑，只有恰当地解决这三个问题，应得的正当性才能得到保障。在身份至上的古代社会，应得的理由是等级化的世袭身份，“身份”决定了不同群体所得之物，包括荣誉、权力、财富、地位等；而在平等至上的社会里，之所以应得，只是因为你是一个单位或共同体的成员，每个平等的个体基于相应的成员权利应该获得相同的东西。显然，优绩主义既非身份至上又非平等至上，而是优绩至上，我们崇尚优绩制并不是出于平等的理

---

① 孟锐峰.走向正义社会共同体:优绩至上陷阱及其超越[J].深圳大学学报(人文社会科学版),2022(6):152.

② 麦金太尔.谁之正义？何种合理性?[M].万俊人,吴海针,王今一,译.北京:当代中国出版社,1996:48.

③ 汪毅霖.优绩至上的政治经济学批判及对批判的批判[J].读书,2022(10):41.

由，而是因为自由与效率[1]。在学校的教育评价中，优绩至上的应得观念自然是针对教师和学生的，但更重要的是“应得”观念背后表达的是付出努力就要给予回报的分配逻辑。因此，学校优绩主义教育评价制度始终鼓励、引导甚至督促学生去努力学习。这种基于劳动而获得回报的“应得”观念表达着中国社会自古以来的“天道酬勤”的朴素信念，同时契合社会民众日常生活中的正义观念。

需要指出的是，这里“按劳分配”的“劳”，不仅仅指“劳动行动”，更重要的是产生可见的“劳动成果”，否则就会造成各种形式化的虚假劳动的现象，尤其会导向绝对平均主义的分配，毕竟对学生来说“劳动”本身是难以衡量的，只有作为劳动结果的成绩才是评判的依据。劳动付出只有带来功绩才有意义，也就是说，优绩主义所看重的是有功绩的劳动和有效率的劳动。更重要的是，知识学习不同于物质性的生产劳动，对有的学习任务而言，付出劳动与获得成果之间总是具有滞后性，而对于那些高难度、高价值的研究项目并非付出劳动就能立竿见影地有所收获，相反，它们往往不是短期就能见效，甚至会出现付出大量的努力而没有任何可见的回报的情况。这种情况下就不仅仅是按照劳动来分配，更要按照价值来分配，根据“各取所值”的原则，这是很明显的，没有人不同意，应该按照各自的价值分配才是公正[2]。

（二）优绩主义通过平等的机会赋予提升学生的学习效率

如果说“应得”原则体现的是优绩主义的结果正义，那么平等的机会原则则确保了优绩主义在起点上的正义。事实上，要想根据“优绩”进行“应得”的正义分配就必须确保机会上的平等赋予，保证成功获得“优绩”的机会向所有人开放。优绩至上的分配原则、平等的机会赋予，以及最低限度的成绩要求共同督促、激励和引导着学生发挥自己的学习潜能、获得

① 刘擎.2019西方思想年度述评(下篇)[J].学海,2020(3):206.

② 亚里士多德.尼各马可伦理学[M].廖申白,译.北京:商务印书馆,2003:136.

最佳的成绩。

所有人都有同等的机会取得评价标准所要求的成绩是优绩主义教育评价的基本假设。因此，“机会向所有人开放”本质上是所有人在机会平等的条件下公平竞争，优绩主义所展现的机会均等原则是指所有学生都有通过研究获得自身发展的机会，并最终获得平等的成就自我的机会。

因此，优绩主义一方面为学生个体的才能提供了发挥的机会，另一方面通过赋予学生“只要努力就能成功”的价值期待而成为具有激励性和鼓舞性的评价方案，它使人坚信：只要努力去获得优绩，就能成就自我的人生。优绩主义教育评价使所有的学生都沉浸于自我的勤奋努力之中，并通过这种努力而使自我的人生变得更加充实、富有意义。因此，对学生而言，所谓“成就自我”，就是自我通过全身心的努力去竞争、去争取。而学术的效率便在学生之间的竞争中、在自我价值和人生意义的实现中得到了极大的提升。

然而，这种成就自我还只是个体意义上的成功，优绩主义在提升学生学习效率、赋予所有学生同等的个人发展机会的同时，使学生与学校之间实现了目的上的一致性。优绩主义教育评价中的“优绩”表达的是：学生经过自身努力所取得的成绩，这些成果固然是个体的，但它同时又是学校的。因此，优绩主义的合目的性既是学生努力行动的合目的性，又是学校工作的合目的性，从而实现了作为个体的学生与作为组织的学校之间的内在统一。

（三）优绩主义充分肯定和尊重学生学习的自主性

优绩主义将评价完全建基于个人的才能和努力之上，而能力并非先天的，虽然入校时不同人之间存在能力上的差异，但通过个体的后续努力是可以提升和改变的。因此，最终是否成功便成为完全由自己决定的事情。这就是说，在知识教育中，优绩主义摒弃了一切影响个体能动性发挥的外在因素，将成功的全部基础建于学生自身。每个人都可以通过自己的努力，取得一定的成绩，并依据这种成绩而获得自我实现的机会。

优绩主义教育评价通过成功、奖励和荣誉承诺而引导学生不断地去自我努力，从而让自己在期待、决心和勇气中超越生命的自然状态。自然状态的生命是被本能所羁绊的生命；自觉的生命则是对本能的克服，是对习惯性舒适状态的打破，更是对精神生命的主动奔赴。学生的努力行动意味着其对未来的主动靠近。

通过努力行动而实现对自我原初状态的超越固然体现着学生在学习道路上的自我决定，但优绩主义对学生自主性的肯定并不局限于此。学生的努力总是“我”的努力，它是将决心融入其中的积极行动，是“我”面对未来时的意志选择，代表的是“我”个人的意愿。因此，学生的“努力”行动中始终包含着意志的力量，它表达着学生对其认为有价值的事物的主动选择。因此，优绩主义一方面借助“优绩”带来的回报而引导学生以主动的努力超越被本能羁绊的自然状态，另一方面通过对学生主体地位的尊重而确保学生的选择不是出于任何外力的强迫，而是出于自我意志的主动选择。这种“自主性”作为一种事实存在于学生学习过程当中，同时被作为一项权利赋予学生。

自觉的努力和自主的选择共同使学生的行为成为出于自我选择的意愿行为。这种自觉而自主的学习行为同时内在地要求学生成为自我负责的责任主体。这就意味着优绩主义教育评价不仅因确保个体成就自我的平等机会而获得伦理上的正当性，同时，通过确立个体在学习行为中的主体地位，对个体进行目的性引领，从而在另一个层面获得其正当性根据。因为学生在学习上努力是为生命自身的本质、为人性的灵魂力量的实现而奋斗[①]，学生因而成为面向自我的行动主体和对自身负责并给予伦理承诺的责任主体。于是，优绩主义教育评价便通过对学生主动努力的鼓励、对学生学习意愿的保护以及对学术责任的赋予而表达出对其学习自主性的肯定

① 金生鈜.作为生命自觉的“努力”：对“努力”的教育现象学诠释[J].宁波大学学报(教育科学版)，2020(5)：2.

和尊重。

总体而言，优绩主义教育评价之所以既能得到各个学校的普遍青睐，又得到个人的认同，在于它内在表达的三个承诺：一是“能者多得”的正义承诺。它面向所有人，给予所有人同等的机会，任何个人都可以在这种平等机会面前依靠自己的能力和努力而达成某种成绩，从而获得相应的报偿，或获得地位上升的机会。二是“学习成就最大化”的效率承诺。优绩主义通过对“优绩”的奖赏和回报而鼓励每个人全身心地将自己的才能投身于学习行为中，从而能够在单位时间获得最大的成绩，而这种效益的获得在学生个人努力得到回报的同时，也使学校具有了更强的竞争力。三是“成功人生”的价值承诺。学校教育采用优绩主义的出发点并非为了学生，而是为了使学校整体效益最大化，但这一目标的实现是建立在每一位教师和每一位学生全身心投入的基础上的，也就是说，在最短的时间内取得最好的成绩既是学校的目标，又是个人的期待，在这一点上个人与学校实现了内在的统一。而学校也正是通过对个人的回报，而使个体的人生成为成功的人生。然而，必须意识到，知识教育不宜用竞争性来定输赢。优绩主义教育评价的三重承诺在赋予其伦理上的正当性的同时，因为对学生之独特性的忽略而面临着伦理上的风险。

三、竞争之恶：优绩主义逻辑的伦理难题

优绩主义的三重承诺使其成为浸染于社会各个领域的主流观念，教育评价制度遭到诸多方面的批评，但这些批评更多并非针对优绩主义本身，相反，在有些情况下，这种批评恰恰认为优绩主义没有得到认真的贯彻落实，只要优绩主义的三重承诺得到认真落实，这些问题便可以得到遏制或避免。优绩主义的正当性并没有得到实质性的批评和质疑，批评者只看到有人破坏游戏规则，却没有看透这个游戏本身就是一个陷阱①。优绩主义

① 刘擎.2019西方思想年度述评（下篇）[J].学海，2020（3）：204.

教育评价虽然对学生给予了能者多得的正义承诺、对学校整体给予了效率承诺，同时对个人的成功人生给予了价值承诺，但它本质上仍是经济性的，它所遵循的是追求效率、追求产出、追求回报的经济逻辑，它向我们展示的伦理正当性也是经济性的伦理正当性。优绩主义教育评价的经济逻辑使其不仅不能兑现自身的三重承诺，更让自身陷于一系列的伦理困境。

伦理首先是一种关系性存在，这种关系既包括个体与自我的关系，也包括个体与他人的关系，以及个体与家庭、国家等伦理实体的关系。但这种关系不是一般的关系，而是一种“伦理关系”、一种被道德规范所规定的“应然”关系。伦理关系需要通过行动来获得其现实性，只有通过行动，规范才能转化为现实，才具有实践的意义。但无论是“关系”还是“行动”，终究是为了“善”的实现，对“善”的欲求乃是伦理之本义。优绩主义教育评价的伦理困境，首先体现为在学习目的上用个体化、外在化的功利目标取代对教育之内在“善”的追求；为了最大限度地获得这种外在之“善”，它通过竞争机制的引入而使学生的学习行为沦为“赢者通吃的竞技游戏”。竞争的结果便是不同的学生被赋予不同的身份，从而引发学生群体的等级分化。

知识教育功利化在教学过程观上的成因主要是所处教学氛围竞争化和独自获胜的动机强烈等，主要表现在教师所处教学氛围竞争化，教师教学刻意追求比同伴更优秀和学生为了自身获胜而学习，关注个体成就在意排名。功利主义的教育目的使学生专注于外在化的学习目标，然而，这些外在学习目标的获得也并不容易。因为优绩主义看重的是“优绩”，但只有那些能够为学校带来利益和荣誉的成绩才能被称为优绩。优绩之所以重要，在于“优绩”能帮助学生在竞争中获胜，进而实现种种功利性的目标。因此，优绩主义在目标上是功利主义的，在存在方式上是竞争主义的。竞争机制的形成源于指标的设定，优绩主义所塑造的是优中选优的“优绩文化”。如果说功利主义是要最大程度地获得好的成绩，那么竞争便是功利目标实现的基本途径。学生不仅要达到规定的标准，还要在竞争中获胜，才能达到那些外在化的目标。竞争成为学生的生存方式。

（一）竞争性教学氛围的营造

蒂莫西·D.沃尔克在他的教学实践中提到，因为嫉妒某一教师在教室外的走廊张贴了比自己更多的学生作品而在教学中增加了不安全感、消极情绪和教学压力，所以自己无法全然地享受教学工作，而是一心想着要比同事做得更好，结果耗去不少心力[①]。诸如此类的现象在实际的教学实践中还存在不少，如在调查中，有55.4%的教师在“我可能会羡慕或嫉妒那些因所教班级成绩优异而拿奖金的老师们”的观点上表示认同；有51.3%的教师在“我有时会犹豫要不要和同事们分享一些独家教学资料”的观点上表示认同，而且年龄越大、教龄越久的老教师们更加不太愿意分享自己的教学资料。这些现象实质上反映了目前教师所处教学氛围的竞争化状态。在此次访谈过程中，任教不同学科的、不同年龄阶段的教师都或多或少地承受着一些压力。

首先，从学科来看，音乐、体育、美术教师的教学压力相比较其他学科来说要小。有20多年教龄的音乐教师黄老师，在访谈中提到同伴教学竞争压力时，她坦言，“音乐、体育、美术教师没什么教学压力，本校的压力较小”。而对于其他学科教师来说，尤其是所带班级教学成绩不理想的，其教学竞争压力是很大的。如任教九年级化学的仇老师，就以亲身的经历讲述了自己因教学成绩垫底而感受到的压力：“我刚来都是垫底的，虽然分数差距不是很大，但上级领导会施加压力，我教不好九年级就去教七年级。成绩排名会影响绩效，考得好会加绩效，考得差会减绩效。”还有刚入职教学七年级语文的王老师，他指出：“谁也不想所带班级考试分数垫底，学校会开大会批评，老师们的面子会挂不住。”

其次，从教龄来看，新教师相比老教师的教学竞争压力大。其中有20多年教学经验的卢老师告诉我：“一般来说，中小学都有固定的教材，在

① 沃尔克.芬兰教育现场[M].李红燕，牛双红，译.上海：华东师范大学出版社，2018：137.

教学上重难点有共识，每个考点都有要求，教师发挥自由的空间不是很大。”与新教师相比，老教师对教材更加熟悉，对知识点、考点也更加清楚。

总而言之，任课教师的教学竞争压力，根源来自所教班级的考试分数排名。每个教师或多或少都会产生相应的教学竞争压力，被学生考试分数支配的恐惧促使教师之间进行竞争，大到每次学生考试分数的比较，小到平时各项教学活动的比较。本来无意识的竞争，被慢慢刻意放大到日常教学活动的小细节中，造成了一种让教师感到不安全的、消极的竞争氛围，加重了教师的教学心理压力。

根据调查发现，竞争意识在学校教育中盛行，不仅出现在教师群体中，学生群体中也很显著。触发竞争意识的正是对于“外在快乐”的追求。比如，当进入前五名是“你”的一个学习目标时，那么全班可能进入前五名的学生都是“你”的竞争对手，因为前五名的名额数量有限。在此基础上，如果“你”想成为全校第一名，那全校可能进入第一名的学生都是“你”的竞争对手。正如媒体所传播的观念：生活中美好的东西是充满竞争性的，它们只是为极少数才华横溢、面容姣好或者钱财万贯的人准备的①。如果“我”成功拥有了这些外在快乐，那就表明“我”努力打败了别人。当学校教育的主要任务是发展每个学生的“理智能力”时，教室的课桌通常会采取一排排相互分隔的形式。这就是为什么测试和考试考的是个体的成就，而不是集体的成就。“学生之间要不要培养深厚的友谊”，这个问题充其量只是被宽容，而不是被鼓励，因为它与考试成绩无关②。根据调查数据显示，有75.2%的学生很在乎自己的成绩排名，有69.6%的学生很焦虑别人的分数会超过自己。如此执着的分数排名背后，隐藏着胜负二分法的价值观。越是追求“外在快乐”，越是无法跳出“外在快乐”的绝对化衡量标准。在此次访谈调查中，教九年级化学的仇老师向我反映了

① 怀特.儿童幸福与学校教育[M].杨杏芳，赵显通，译.北京：教育科学出版社，2021：54.

② 怀特.儿童幸福与学校教育[M].杨杏芳，赵显通，译.北京：教育科学出版社，2021：92-93.

这样一件事：两个女生在课堂上回答问题，结果两个女生在回答问题的过程中暗自较劲，回答问题的声音一个比一个高。仇老师说："学生之间的同伴竞争潜伏性很高，尤其是尖子生之间，会通过各种小事显现出来。"不过这件事在仇老师看来是一件常态化的事情，他没有觉得这种同伴性竞争存在问题。一定程度上，同伴性竞争是最易导致学习的利己主义的，一切以自身的利益为主，甚至会忽视他人的利益。他们胆战心惊地处于教学过程中，如果自己输掉了分数和排名，自己就是一个没有成就的人。

（二）竞争性的生存方式

竞争早已成为社会诸多领域普遍遵循的法则，同时被打造为一种促进人们奋发向上的积极力量，市场竞争使经济充满活力，政治领域的竞争形成"能者上、庸者下"的良性生态，医疗、教育等诸多领域都在通过竞争来鼓励人们追求进步。一旦出现了问题，我们否定的不是竞争本身，而是那些虚假竞争、恶性竞争、过度竞争和不正当竞争，它指向的是那些投机钻营、弄虚作假的竞争者①。正当与不正当的二分视角使竞争本身逃离了理性的审查和正当性的批判。

然而，竞争并非如人们所认为的那样"无辜"，竞争内在地包含着"恶"的因子，但这种"恶"不是道德上绝对的"恶"，福克斯将其描述为"demonic evil"，即"魔性之恶"。这一方面指竞争有"魔性"，"魔性"是一种巨大的诱惑，作为一种强大的力量而裹挟身边的一切；另一方面指竞争包含着"恶"的因子，"力量"与"恶"都是竞争的内在天性。人们青睐其魔力的同时，必然承受其内在性的邪恶。竞争的巨大力量使人们早已习惯于竞争的话语，即便那些在竞争中的失败者，也无任何怨怼之词，人们相信竞争、依赖于竞争、沉迷于竞争，但遗忘了竞争的恶的一面。

竞争之恶首先体现在它对人性之恶的先验假设。竞争者总是以战胜他人为目标，他人是竞争的对象和超越的目标。这样的学习是以自我为中心

① 高德胜.竞争的德性及其在教育中的扩张[J].华东师范大学学报(教育科学版)，2016(1)：15.

的和利己主义的，自我既是学习行为的出发点，又是学习行为的最终归宿。也就是说，基于竞争模式的优绩主义教育评价先验地预设了“人人为己”的人性假设，教育世界因而演变为霍布斯式的丛林世界，遵循的是适者生存的狼性法则。人人都在为了自身的生存而努力、为了自身的利益和发展而努力，这样的学习行为，不是为了获得知识、养成好的德行，不是为了解决社会现实问题和人类的生存困境，而是在竞争中获胜。于是，竞争就通过对“人人为己”的人性假设和制度设定，将学生的注意力从原初的“

中被区分为不同的等级。借用迈克尔·桑德尔的话来说，优绩主义教育评价制度已经成为学校教育的“分类机器”①。它通过稀缺性的制造和等级的生产而形成等级化的教育文化。对个体而言，成功的标准不在于“你”是否达到规定的标准，而在于“你”能否在和他人的比较中获得优势，从而跃升至更高的等级，等级越高便意味着学习上越成功。这种教育等级是文化性的，可以体验，无法言说，因为没有任何制度条文对等级化的学术特权进行明确的规定。

等级主义教育文化使优绩主义教育评价深陷基于学生身份的伦理困境之中。优绩主义在制造“成功者”的同时，也制造了“落后者”。在等级主义的学术文化中，很少有对学生的真正尊重，有的只是对评价的依附、跟随，甚至是完全服从。从这个意义来说，要想重构充满活力和创造性的教育文化，就必须重新反思优绩主义对落后者的贬低、对学习之尊严和学习自身之“善”的腐蚀。

优绩主义教育评价遵循的是市场的逻辑和竞争的逻辑，在经济世界里它造就了奇迹，然而，这种逻辑一旦超越经济领域而进入教育领域，教育自身便会遭到遗忘。从这个角度来讲，竞争不适合于情感领域、道德领域，优绩主义也不适合于教育领域，“比学赶超”使学生为了追求个体利益的最大化而手段尽出，甚至可能出现多种类型的道德败坏的案例。有时候，竞争性的优绩主义并不能催生出优秀的学生，相反它在等级主义的学术文化生产中，让功利主义弥漫于教育世界，让以自我利益为中心的个体主义植根于学生内心深处，这是需要批判的。

四、超越优绩：学生评价的教育性回归

学生评价的实质还是教育活动，优绩主义作为外部逻辑，不应该本末倒置，让学生评价成为优绩主义的“跑马场”。从根本的价值取向来看，

① 迈克尔·桑德尔.精英的傲慢[M].曾纪冒，译.北京：中信出版社，2021：171.

优绩主义的效率至上指向“外部”，这与学生评价指向“人”的教育属性相违背。因此，学生评价需要始终坚持“教育是为了实现人的全面自由发展”的核心立场，其中“教育”作为基础强调对评价价值的教育性坚守、“人”作为对象强调对评价理念的人文性的贯彻、“全面自由发展”作为目的强调对评价结果的开放性的接纳，这样才能使学生评价走出优绩主义的桎梏。

（一）坚守学生评价价值的教育性

对社会而言，优绩主义作为一种政治经济制度而指向合理分配社会资源以实现社会进步和发展；对个人而言，优绩主义则是一种保障个体平等自由发展并获得相应政治和经济回报的承诺。不管是对社会还是个人，其中都蕴含着浓厚的功利色彩。首先，优绩主义强调的“才能”与能创造物质财富和经济价值的知识和技能密切相关；其次，优绩主义的评价指标以外显的价值目标为基础；最后，优绩主义的“回报”往往以物质奖励或经济利益的形式出现。

学生评价因其评价主体与评价结果的特殊性充当了实现优绩主义过程中完成功绩与回报相匹配的工具。这种工具性的价值取向导致学生评价的内容、标准和结果都偏离了原本的教育性价值转向工具性价值的实现。

在通常情况下，人们认为，价值表示的是事物本身固有的某种属性和某类主体之间的满足与被满足、承认与被承认的关系。基于此，教育价值则表现为教育作为客体与人类、国家、社会、集体、家庭和个体需要之间的关系①。个体的需要是教育这一实践活动产生的根本原因，且是教育直接作用的对象，教育对人类、国家、社会、集体和家庭需要的满足都建立在实现个体需要的基础之上。所以，在教育性价值、文化性价值、社会性价值、经济性价值和政治性价值的排序当中，教育性价值理应居于首位，即以人为本、实现个体的自由全面发展。不可否认的是，当学生经由教育

① 闫旭蕾.教育价值选择及其伦理风险[J].教育研究与实验，2017(5)：28.

满足了其发展需要的同时，作为组成社会群体的一分子，个体的政治、经济、文化等活动由此展开。但是在优绩主义的逻辑中，学生评价作为手段和目的的顺序被颠倒，舍本逐末的同时，将学生异化，且这种异化逐渐渗透到社会的其他系统中，才能会带来整个社会的颠覆。随着优绩主义的弥漫，教育培养的才能成了决定社会资源分配的至上准则时，教育被莫名赋予了解决或者说缓解社会的不平等、促进社会阶层流动的功能，学生评价的筛选和选拔功能也被放大。对社会来说，学生评价能以高效科学的手段选拔出最能创造经济利益的人让其占据社会主流地位，“唯文凭”就是最好的体现；对学生来说，学生评价则是通过他们的才能和努力获得利益回报的工具。

目的是价值的外显。杜威强调，我们探索教育目的时，不要到教育过程以外寻求，并使教育服从这种外在寻求的结果①。学生评价在评价学生发展的结果与教育目的的匹配程度做出价值判断的时候，一切都应该发生在教育之内。可在优绩主义价值引导下的学生评价，只能说它做到了面向所有人、评价所有人，但是其教育内容仅限于学生而忽视了学生其他身心（特别是品德）方面的发展，最终的目的不是让所有人得到更合适的发展，而是筛选出更优秀的学生、集中更优质的教育资源以便最终创造出更大的外在价值；也不是为每一个学生寻找适合自己的位置，而是根据筛选结果让其心甘情愿地接受按“优绩”排序安排的位置。但这个价值是狭隘的工具性价值，仅限于经济方面且面向小部分人。

回归教育性本体价值不仅要有对教育的坚持，还要有对“人”的坚持。教育的本体价值就在于培养真正的人，实现人的全面自由发展。学生评价也必须从人出发，对学生个体负责而不是外界“客户”，最终的目的是使学生了解自己的发展情况，掌握发展方向，指向内在的完善。

---

① 约翰·杜威.我的教育信条[M].彭正梅，译.上海：上海人民出版社，2017：100.

（二）突出学生评价理念的人文性

优绩主义之中充斥着科学主义，其才能的指向更倾向于涉及科学技术的、以逻辑推理为核心的智力而非涉及人文社会的、以辩论、想象和意义建构为代表的能力，其功绩的评判也强调遵循循证实践理念，试图将一切事物通过量化手段转变为可见的确切的数据证明。学生评价的过程中有同样的问题，学生评价的内容和指标更多强调的是知识和技能。评价实践处在一种基于专业化追求并以科学—技术为支撑的“测量文化”之中，考试、选拔、监测、评估是这一测量文化的主流话语和实践形式[1]。学生评价循证实践理念的主要问题在于：它简单地忽略了文化这个选项，而聚焦于为既定目标产生方法和把教育评价问题降低到实用意义上的技术效率和有效性[2]。如此的学生评价渗透着强烈的技治主义思想，即用科学原则、科学手段和技术方法来管理社会[3]。人文性的回升则要求重新思考人与技术的关系。技术和生命相互促进、生命在技术的外在发展和内在把握中实现更大发展的实质揭示了学生评价中技术和学生发展的关系，即将外部的技术发展化为学生可以内在把握的形式以促进学生实现更好的评价结果。

在评价方法上，相较于以实证分析为基础的量化评价，与之对立的以解释学为哲学基础的人文理解评价范式强调的质性评价体现出更多的人文性，质性学业评价能激发学生积极参与，在主动学习过程中积极思维、实践、探究和创新，承认每个学生独立活动的价值，学生的主动活动与愉快、轻松、有序、和谐的教学环境相互作用，达到预定学习目标[4]。

在学生评价内容和标准上，因为人的生命是全面而完整的，知识和技

---

① 刘远杰，霍少波.迈向教育评价时代：潜在风险及其防控[J].教育发展研究，2022(19)：58.

② 格特·比斯塔.测量时代的好教育：伦理、政治和民主的维度[M].张立平，韩亚菲，译.北京：北京师范大学出版社，2019：34.

③ 刘永谋.论技治主义：以凡勃伦为例[J].哲学研究，2012(3)：93.

④ 王焕霞.发展性学生评价：内涵、范式与参照标准[J].山东师范大学学报（人文社会科学版），2017(1)：108.

能的发展只是基础的“真”，所以学生评价更应该强调在此基础上引导出来的情感意志的“善”，再借由审美品位和艺术修养达到“美”的最高境界。德智体美劳全面发展，真善美和谐统一，这样才能实现学生的健康发展。

在评价结果上，评价结果的作用仅限于将学生筛选和分类的评价功能，忽略了每一个学生平等发展的教育功能。在给予学生评价结果中脱颖而出的学生更多的优质教育资源和认可的同时，忽视甚至否定了剩下的绝大多数未能在学生评价中取得优异成绩的学生。针对该问题，《深化新时代教育评价改革总体方案》尤其提出了“面向人人”的评价改革要求，其中的“人人”包含两方面的含义：一方面，“人”与“非人”相对应，评价目的应该指向人的本身的全面发展而非人的外界目的；另一方面，“人人”意味着包含所有的学生，在多元的综合素质评价的指导下，学生评价结果导向学生未来的发展方向而非固定化的发展现状。

（三）接纳学生评价结果的开放性

优绩主义提出了“只要你有才能肯努力就能获得成功”的口号，其中“只要……就……”实质上暗含着一种强相关逻辑，将才能和努力视为成功的充分必要条件；而学生评价带有强烈的科学主义色彩，遵循循证实践的理念，以数据为表现形式，追求成功与效率。在优绩主义的引导之下，学生评价将教育过程的“输入”和“结果”也看作是强相关的，即学生经过了努力学习就一定能发挥自己的才能而在最后的评价中取得优异成绩。但正如格特·比斯塔所言，教育过程和实践不是以像机器一样运行的方式而运行的①。优绩主义和学生评价在寻求教育确定性结果的情况下，实际上就是将学生发展过程当成技术过程，这种情况下，教育的“风险”就在于没有达到既定的目标或者实现了其他不被期待的目标。但是这种“风险”与比斯塔强调的“风险”不同：前者是在外在的特定的功利主义目标

① 格特·比斯塔.教育的美丽风险[M].赵康，译.北京：北京师范大学出版社，2018：3.

导向之下将其他无关的结果视为“无用”甚至“有害”；后者是“教育之弱”带来的风险，教育的独特之处恰恰在于它存在这种“教育之弱”，任何试图消除教育之弱的做法，任何试图使教育成为一个运行完美的机器的做法……最终都使得教育转而反对其自身[①]。

狭隘地将教育的价值或目的限制在教育过程之外，利用一切可利用的科学技术和手段，将教育内容变得有用、将教育方法变得高效，最终以评价技术为手段来确认教育的“输入”和“输出”是否达到完美的匹配，并且多以绝对数据的形式来进行分类、筛选和排序，这实际上与学生评价的真正目的相悖。开展教育活动、开展学生评价活动，势必产生一个结果，但这个结果的“主语”应该是“学生”而不是其他相关主体。开放性看待学生发展的可能性，把握教育行动和评价结果之间的关系，要求对教育活动加以“控制”，但“控制”应该是“一种明智地计划和指导我们行为的能力”，不能是强制教育“输入”与“输出”之间的完美匹配。接受教育的勇气是建立在对潜在能力的信任之上的[②]。学生发展不是生产，而是生成，它始终建立在个体的主体性之上且在不断地发展这种主体性，同时伴随着和他者的交往教育过程，自我和他者双方的主体性共同作用其中，蕴含着无数种可能，教育不存在强因果关系，不应该将教师的活动、教学活动中的行动当作干预、原因，而应当将其视为学生予以回应并从中学习的机会[③]。如何看待和把握机会，由学生自己决定，学生如何回应是他自己的选择。教育既然是面对每一个学生，就应该接纳每一个学生，接纳由他们不同的行为带来的“美丽的风险”。

① 格特·比斯塔.教育的美丽风险[M].赵康，译.北京：北京师范大学出版社，2018：3.

② 卡尔·雅斯贝尔斯.什么是教育[M].邹进，译.上海：生活·读书·新知三联书店，1991：64.

③ 格特·比斯塔.测量时代的好教育：伦理、政治和民主的维度[M].张立平，韩亚菲，译.北京：北京师范大学出版社，2018：35.

第二节 重构学习空间：知识学习空间的伦理生产

生命的真实存在是空间性，经历要体验才成为经验。存在依其生成缘由必有其场域，没有人或物能够逃脱空间的审判，它们在空间中获得意义。社会科学研究中的空间转向将空间概念带回社会科学理论的架构之中，使人用空间的思维去审视社会，同时空间转向是教育话语生产体系的结构转向[①]。由学习者与他们所处的学习空间构成“学习生态”[②]，学习生态居于教育生态的中心地位。构建新型学习生态，需要从学习的视角、在学习空间中思考教学问题。学习空间是支持学习者完成学习行为的中介物[③]。应从学习发生的立场出发，系统思考个体的特质与学习空间的关系，建立支持学习者建立主体责任的现代学习范式；从“人”的动态性变化出发，使得边界划分与权力回归无限接近于个人，满足学习者真实的学习需求[④]，在学习空间生产中实现知识教育的伦理回归。

---

① 吴凯，郭晓玲．思想政治教育话语生产的空间逻辑论析[J]．理论导刊，2021(7)：113.

② 沈书生．学习新生态：构建信息化学习力[J]．苏州大学学报(教育科学版)，2020(1)：1.

③ 沈书生．学习空间：学习发生的中介物[J]．电化教育研究，2020(8)：19.

④ 杨霞，范蔚．数字时代学习空间的边界重构与权力回归：以人的发展为分析视角[J]．中国电化教育，2023(11)：18.

一、社会性学习空间的生产逻辑

知识是一个立体的存在，有着广泛的空间属性，它的产生、传播和创造均在空间中进行。唐斯认为，除了质性知识、量化知识，还有联通知识。知识不是作为内容存在于某个地方，而是一种实体相连的网络架构，知识即网络，因而要在空间中理解和研究知识。列斐伏尔提出，“空间生产”表明空间观念由容纳盛载到建构生产之转变，即纯粹的占有观到建构的生产观之转变。由抽象的观念到普遍、特殊、单一的概念，将空间作为个别性的感知空间、普遍性的精神空间和特殊性的社会空间的统一体，也就是空间三元辩证法。学界对此虽有不同的理解，但仍存在一些共同之处。

在属性方面，空间的实践与日常生活的经历联系在一起，常理解为物理的空间。空间的表征常与精神文化联系在一起，具有逻辑化特点。表征的空间则具有社会的意味，包含规划和想象的思维活动，简言之，就是物理、精神文化和社会空间的“结合体”。

在空间生产方面，空间的实践涉及物质生产，空间的表征涉及文化生产，表征的空间涉及意义和想象、关系的生产；在空间的主体方面，空间的实践和空间的表征多涉及个人感知或构想的抽象精神领域，具有个体性特点，而表征的空间涉及想象和社会，具有社会性特点。

学习空间是一种特殊的、浓缩的、有现代性代表意味的社会空间形式，是存在于社会网络之中，由符号、规则组成，是规范和准则的社会建构的产物。联想到杜威的“教育即生活”“教育即社会”理论，学校是“社会的雏形”，是学生学习开展的场域，它连接学生的生活，学习空间就存在于社会空间之中，并折射社会空间的意识、规则及关系等。也就是说，学习空间是社会空间在教学中的特殊体现，它既是物质、精神、社会空间的统一体，又具有社会空间的生产性特征。

（一）学习空间生产与权利具有一体性

首先是权利空间化，权利依赖空间并使之成为载体与场域，空间生产是权利扩大与平等的可能性前提。空间生产体现在五个方面：一是空间能够进行生产力的生产；二是空间能够进行新的生产关系和社会关系的生产；三是空间可以是消费空间的生产；四是空间可以作为反抗的工具进行政治空间的生产；五是空间可以是空间观念的生产。学习空间权利的生产、价值、分配内化于上述几个方面的空间生产过程。空间权利是人的基本性和核心的主体权利，它可能成为空间生产的动力，也有可能成为空间生产的阻力，因而要促进学习空间生产与权利的关系合理化。

其次是空间权利化，空间成为权利的对象与内容，拥有空间就等同于拥有权利，没有空间内容、不能以空间形式对象化的权利往往是抽象的权利，非现实的权利，权利实现成为空间生产的重要目的。学习空间权利包括进入空间、接受空间、命名空间、治理空间、交换空间、生产与更新空间及支配空间资源的权利等，是学习空间的内在要求。

（二）空间生产具有地理和物质形态的超越性

教育现代化进程中数字技术的发展使人经历从“在场”到“脱域”的转变。但这并不意味着我们能够逃离学习空间（生产），因为空间（生产）或权力已经内化在我们的身体和行动之中。当这一空间不可见的时候，作为主体的我们将启动自我控制机制[①]。人作为主体，是学习空间中最为活跃、最为重要的构成要素，用顺从、沉默、抵抗或拓展方式完成空间权利的生产与建构。所以空间塑造着人，同时人也在用各种的形式建构空间。这不仅体现在学习者通过空间中物质设备的陈设与位置、学习活动组织形式、光与影的关系等来塑造空间，还通过人与人之间的关系和社会交往来建构学习空间。

① 福柯.规训与惩罚[M].刘北成，杨远婴，译.北京：生活·读书·新知三联书店，2019：234.

一方面，学习空间的三维建构和生产能给学习者带来多感知的学习体验，为学习者提供迁移知识、运用知识、创新知识的有效环境；另一方面，以数字技术为基础的学习空间在虚体和实体两个维度的生产能够将教育管理信息系统的数据和镜像体的师生行为数据串联起来，从多维的数据中智能预测出教育大数据模型，为知识创新提供自动化生产平台。

二、学习空间生产的三个矛盾

数字化的学习空间丰富了知识传播的形式，也提高了知识传播的速度，为学习者提供了海量的知识资源。与此同时，数字技术对知识的表征、传播、控制，在一定程度上引发了一些知识教育问题，从而形成知识教育在学习空间生产过程中的矛盾。

首先是学习规则遵守过程中普遍化和个体化之间的矛盾。

现代教育对速度和技术的崇拜导致“新异化的诞生”[①]，形成学习空间生产的速度逻辑和数字资本逻辑。学习空间生产的速度逻辑导致学习空间被把握成为图像，受到数字化、指标化等定量操作的支配，使人的感觉去现实化、存在失去真实性，导致他们缺乏关于社会和教育的想象力，学习空间成为“沉默”的空间，也就是以技术空间取代本真性学习空间。人们在这样的学习空间中将无法获得切实的感受，无法与实际生活及社会相联系，从而造成学习空间模式化与空间分化隔离。学习者对空间和他者没有认同感，拒绝承认或嵌入“真正的他人”空间，学习规则或制度的制定受到技术理性的支配，走向标准化和同质化。学习者只是基于个体“善”的视角对规则做出解释，使自己的行为遵守规则或看起来符合规则的标准。从“善”的本质来看，任何看起来对个人有益的东西就是一种“善”，它可以是公共的，也可以是个人的。标准化的规则却将公共“善”和个体“善”对立起来，学习者在遵守规则的过程中基于权利优先的假设而忽视

① 邱昆树.新异化的隐忧：对现代教育速度逻辑的反思[J].教育研究，2022(9)：76.

公共“善”，从而导致教育关系僵化和个体权利绝对化。

数字资本逻辑下的学习空间通过对数据要素的占有、数字产品的生产和流通、数字资本的价值增殖等途径完成生产，数字劳动成为数字资本的重要价值源泉。学习者在提高个体数字劳动效率的同时，为了保证所在学习空间中劳动程序的合法性，采取算法控制、数据预测等手段建立普遍化、强制性和标准化的学习规则。从表面来看，学习空间中的所有人都在遵守规则，但在事实上，没有什么行为方式能够由一条规则来决定。如果一切事物都能被“搞”得符合于规则，那么一切事物也就都能被“搞”得与规则相冲突[①]。其实，规则根本上是一种参与和实践，而不只是主观选择。如果学生只是基于个体的绝对权利或利益对规则做出解释，没有学习共同体的意识，那么在这种学习规则遵守过程中，普遍化和个体化之间产生矛盾，造成了知识教育秩序的混乱和价值的模糊等，会影响学生个体和他人（教师和同伴）之间的关系，阻碍学生正确知识的习得。

其次是空间生产权力的聚合和分散的矛盾。

学习空间越来越成为“政治化”的空间，但空间不仅仅因为成为权力和相互竞争的利益的“角斗场”才变得“政治化”，空间更是因为通过成为可以纠正错误并证明平等的地方，才变得“政治化”，即空间具有正义的可能。空间生产及其矛盾激发了人们对空间正义的追求，空间的正义性是从生产关系的历史过程和结果中产生的，它关乎空间的价值判断和价值选择[②]，主要包括生产空间正义、价值空间正义和分配空间正义三个维度。但正义是有空间范围的，非正义现象也存在于空间中，有导致其成为非正义空间的风险。生活在学校之中，学习空间具有相对封闭性、排他性和等级性，使监视和规训成为可能，从而导致权力的出现。

数字媒介的介入，对学习空间同时进行不同维度的折叠和拓展。学习

① 麦金.维特根斯坦与《哲学研究》[M].李国山，译.桂林：广西师范大学出版社，2007：122.

② 任政.空间正义论：正义的重构与空间生产的批判[M].上海：上海社会科学院出版社，2018：5.

者凭借数字媒介实现身体的延伸和意识的延伸[1]，有力地摧毁了学习空间原有的壁垒，将无数的数字化资源纳入教育场地，从而凸显了学习者的个体地位与选择权利。这种无中心的学习空间生产模式弱化了传统科层组织，使之在某种意义上都得以成为平等的话语主体，话语权由政府、学校或教师等传统的中心向教育个体弥散，使得数字时代的权力结构呈现出明显的去中心化特征。与此同时，工具理性和经济原则控制生产的群体也控制着空间的生产，空间可能会被资本、数字技术等优势主体滥用，那些掌握了数字核心技术的少数知识精英，在资本与数据逻辑的主导之下，又获得了处置个体信息甚至控制学习空间生产的权力。话语权由数字空间分散的个体向新兴资本与知识中心聚合，使得数字时代的权力结构又呈现出明显的集中化特征。从表面来看，数字时代的权力走向呈现出去中心化与集中化的矛盾；但在本质上，权力仍然是那些掌握着学习空间乃至社会空间最丰富资源的群体的一种影响力，因为权力依附于特定的资源。随着算法盛行，财富和权力可能会集中在拥有强大算法的极少数精英手中，造成前所未有的社会及政治不平等[2]。知识、数字技术和权力在学习空间结合，产生政治效应，导致学习者的权利流失、权力边缘化或权利依附。因为数字时代学习空间的生产要求有较高的数字知识和技术资本条件与其相匹配，这就意味着，学习空间生产最新最快的成果可能更多地出自那些“数字资本优势”空间，揭示在学习空间生产中通过数字资本建立话语权的真相。学习空间的数据决策并没有考虑那些处于数字鸿沟的相对学习弱势群体的偏好和需求，从而将他们排除在数字决策和学习空间生产系统之外。这种空间生产权力的聚合和分散的矛盾，导致知识教育的主动权只是掌握在少数人的手里。这种现象导致了形成传统互联网知识学习过程中的交互性不足、情感隔离等问题，从而形成知识教育系统的排斥模式和政治效应。

① 马歇尔·麦克卢汉.理解媒介：论人的延伸[M].何道宽，译.南京：译林出版社，2019：17.

② 尤瓦尔·赫拉利.未来简史：从智人到神人[M].林俊宏，译.北京：中信出版社，2017：343.

最后是现代性的积极作用和消极作用的矛盾。

现代性一方面极大地促进了空间生产的历史发展，推动了空间生产力的提升，不断激励教育者和受教育者创新意识，使学习空间生产实现表征空间、空间实践的象征性空间表征的链接；另一方面，现代性逻辑所主导的生产是一种标准化、可复制的生产，这背离了空间生产的价值逻辑。工具理性和技术主义导致的功利取向和价值理性漠视，使学习者在现代性和数字技术的高热情和过分追逐中丧失个体意识和价值判断，从而走向一种现代性的平庸①。在教育上的具体表现是“技工式”教师、“沉默的”学生、“无助的”家长这三类教育群体的“集体无意识”②。学习者在这样的学习空间中被剥夺空间感受、空间想象及空间建构的同等权利，学习空间又在数字、技术媒介的转译与重构中加重了他们的空间短缺和空间深度的问题，改写了空间经验的生成逻辑。以技术速度抹除空间维度和空间经验价值，追求便捷和高效将其余一切多元复杂的经验认知都统摄在了对速度和便利的同质化中，权利逐渐消解。这种现代性的积极作用和消极作用之间的矛盾，使得知识教育变成了单纯的科学知识的教授、数字的表征和技术的传输等理性的强调，知识的理性、客观性、科学性受到重视。但知识教育本身蕴含的情感、道德、审美等要素被忽视，这是一种知识教育的“技术决定论”和“社会环境决定论”取向。

空间生产的基本矛盾导致了学习者权利非正义现象和知识教育的伦理问题。具体来说，第一，学习空间的极度异化导致权利异化。空间生产渗透进学习者的学习和生活空间，但由于空间的封闭性、排斥性特征，往往产生一些误解、对立，甚至是嘲笑、歧视。第二，空间资源产品分配机制的不平等导致权利流失。教育现代化的不均衡发展过程中，往往会导致不

① 刘怀玉.现代性的平庸与神奇：列斐伏尔日常生活批判哲学的文本学解读[M].北京：中央编译出版社，2006:36

② 夏青.教育场域中的“集体无意识”：阿伦特“平庸之恶”的教育学探析[J].湖南师范大学教育科学学报，2017(3):51.

同主体对空间权力和空间资源的占有及支配能力产生巨大差异，并随着空间生产的集聚使不平等加剧。第三，空间结构的失衡导致权利失衡。简言之，数字技术的使用，一方面增强了学习者的个体自主性和学习积极性，另一方面导致不同学习个体的分化，导致权利失衡。知识教育出现“数字鸿沟”、教育的“温度感”缺失、工具理性导向等问题，窄化为科学知识的传授或奴化为数字技术的工具。

以数字智能技术为支撑的新一轮科技革命正推动着数字资本的兴起。与传统的产业资本相比而言，数字资本的扩张更加迅猛，并展现出史无前例的空间重构效应，促进知识教育空间的融合。首先，这种融合属性进一步破解了传统学习者自身融合的难题，促使学习者从“场景之外”走向“场景之内”，促进知识学习从“知识之外”走向“知识之内”。其次，学习者能够在教育元宇宙中进行大规模的协同学习，推动学习者之间不断发生有意义的知识联结和知识交互，使多个学习者组成的团队能够进行动态的、连续的、生成性的群体学习。最后，知识生产不再是少数知识分子的权利，甚至不再是只属于人类的专利，机器也同样可以成为信息与知识的生产者与加工者。也就是说，数字技术所构筑的数字空间正逐步实现对学习空间、知识教育方式、场域和手段的深度整合，从而使现代的学习空间生产呈现出高度一体化与深度分化相交织的新特点，因此需要从伦理的角度深入把握数字资本主义的学习空间效应，厘清数字化空间生产的内在动力与社会后果，为知识教育提供新的发展方向。人工智能技术的“黑箱”本质引起了人机信任危机，存在违背教学中的公平、责任、透明、伦理等基本约束的风险，阻碍了学习空间中人的主体性发展。我们认为，学习活动不是物与物的联系，而是人与人的联系，数字化不仅不能替代人，而且要以人的发展为目的，是通过人、依靠人、为了人，以是否促进了人的发展为衡量标准。

从概念及本质来看，“学习空间”与“学习区域”“学习场所”是存在区别的。学习空间不仅仅是传统意义上的活动开展的“容器”或“载体”，如区域学校布局和资源分配等，也不局限于自然地理学和区域地理学之中，而是一个社会性的存在，背后蕴含着伦理。正如费孝通先生所说，一个差序格局的社会，是由无数私人关系搭成的网络。这网络的每一个结都附着一种道德要素[①]。由此可见，空间是社会性的。伦理作为社会空间的构成要素，在社会性空间的视野内间或被提及。我们认为，伦理不只是社会空间的附着性要素，而且与符号、权力、资本、技术等要素一样，是结构性或者说是建构性要素，是社会空间的生产性力量。任何一个时代、社会、国家或者民族，由于个别差异性、社会实践性和历史性，都建构出别样的伦理空间和意义世界，以此呈现别具一格的文化社会特征。因而可以说，学习空间的伦理性是社会空间思维的伦理想象。伦理具有普遍性，它打破了学习者的教育生活与日常生活的阻隔。学习空间生产的伦理研究不仅涉及物质空间，还关涉想象空间，主要包括伦理的空间生产与空间生产的伦理两个向度：一方面以空间生产重构教育伦理与价值[②]，通过学习空间流动、观念引导等途径，在空间生产中实现空间正义[③]；另一方面从伦理的角度反思学习空间，以伦理的空间蕴含与空间的伦理意义破除教育难题，说明现代教育注重对空间生产作用的反思和人的具体维度的关怀。

三、重构学习空间的伦理困境

知识生产是知识共创的首要环节。在传统的接收型和分享型的知识观中，学习者往往被隔离在这一环节之外，并不直接参与知识的建构过程，因此难以真正与知识生产相连接。而以数字技术为基础的学习空间为学习者提供了创造知识的可能性，其去中心化的特征为知识生产提供了开放、自主的创作关系和智能交互的创作活动。

---

① 费孝通.乡土中国 生育制度 乡土重建[M].武汉:长江文艺出版社,2019:36.

② 徐海娇.重构劳动教育的价值空间[J].中国教育学刊,2019(6):51-56.

③ 肖仕卫.基于空间正义的高校课堂教学改革研究[J].高等工程教育研究,2019(3):175-179.

人的主体性与权利从根本来讲是来源于人的创造，而空间是人们进行生产、创造的基本条件、重要内容，能否有条件、有资格、有能力进行空间生产，是衡量人的权利在现实中实现的重要指标。学习空间生产作为教育理论概念与教育实践现实的结合体，透过教学行动、教学权威、教育工作和教育系统等教育体制的逻辑联系，既有实现学习者权利的可能，又有通过学习空间的文化再生产进行社会再生产的风险，从而形成对特定教育资本和人力资本的掌控。权力渗透影响教育，并威胁着教育自主性，造成权利不平等生产和再生产，由此产生伦理风险。学习空间的伦理风险指的是由学习者在空间生产过程中的不确定性引发的伦理理论和伦理实践层面的消极影响，具体来说至少存在以下三个方面的伦理风险：

第一，政治伦理等级化。

从空间生产的发展逻辑来看，空间作为权力存在的载体或是权力本身，多种多样的空间被编织为一个微观权力关系网络①。学习空间的权力通过“中心化”的形式实现。教育现代化过程中资本和数字技术成为精神性文化形态的学习空间的中心。这样的学习空间注重投资与收益的积累与量化，数字技术和资本“非优势”主体处于被支配的位置，被生产出来的空间或空间生产的结果对于他们是不利的，从而形成学习空间的政治伦理等级化，包括学习空间内部和外部的政治伦理等级化。数字化背景下信息技术和数据资源变成了无形的墙，学习空间只向特定的人开放，使封闭趋向和等级形式变得绝对化，从而引发权利生产的伦理风险。

等级化学习空间的师生群体的孤独感使得他们更倾向于选择“个体”或“封闭”的教育与学习方式。封闭化趋势越明显，交流就越少，“里面”的人就越容易陷入思维的固化陷阱，私人化意识就越强。为了获得更多的资源，他们往往采取竞争而非合作的方式。空间的封闭和隔离使得他们信息不互通，因此还可能由于盲目而产生恶性竞争。与此同时，封闭、隔离的学习空间还将学习从生活中分离了出来，从而走向组织化的发展道路。

① 福柯.另类空间[J].王喆，译.世界哲学，2006(6)：52-57.

它以严格的准入制度、修业年限、评价制度、管理制度及精确规划的时间表来形成自身独特的存在空间，成为一种专门化、标准化、组织化的学习。当然，从人类教育发展的角度来看，制度化学习的出现是人类社会进步的主要体现，也是学习自身从“自在”走向“自为”的主要标识，但由此也出现了以技术学习取代真实学习的倒置现象，学生的自然本性与生长可能面临着被漠视甚至被压制的危险。但从知识创造的角度来看，知识创造需要的是扁平式的开放互动，而非垂直式的权威灌输。

此外，在等级化的学习空间中，语言不仅是一种沟通工具，还体现出一种权力关系，从而带来学习过程中的屈从性角色关系，如学生对教师和专家的话语屈从。在这样不平等的教育话语权中，可能会造成学习主体陷入权利等级化、权利弱化、权利资格缺失、权利流转受限等困境。

实际上，学习者是作为生活者进入学习空间的。学习空间作为学生学习活动展开的主要场所，其不仅为学生的身体、精神和灵魂提供了栖息之所，更在于学生的生命本真和生活经验在此独特的意义空间之内得以适宜地生长与自由地展现。学生具有多种自然发展的能力特征，他们能以自身独特的体验参与周围的环境和外界的秩序，换取最真实的知识；能以冒险、探索和一种面向世界的开放心态，超越既定事物和客观条件的限制。故而，作为学生成长的场所，学习空间要为学习者提供更多的选择与路径，让其在自由、平等的学习空间的探究与行动中实现经验的转化与重构，使他们能够真正成为学习空间的参与者和建设者。

第二，身份伦理符号化。

学习者通过空间实践确立他们在学习空间的主体地位。空间的实践主要在于把社会实践的各个方面、要素和阶段投射到一个空间场域。学习空间的实践伴随主体的学习活动而展开，学习活动的生成不局限于身体的纯自然形态，还包括价值观等要素，有对他者的精神损益，从而构成了具体的伦理场域，促成了身体伦理的产生。

数字技术统辖的学习空间是一种符号学意义上的“可阅读的空间”，

它要求有一种形式——功能上的透明性和单调性，同时也是一个压迫空间，其中的任何事物都无法逃脱权力的监视[①]。事物不再互相回应，而是互相联系通达[②]。技术缔造的符号形象替代了物品原本所处的实体空间以及空间经验，从而导致学习者身体隐私性被弱化、身体交往符号化凸显、身体特性趋向同质化，身体技术和身体文化取代了“真正的身体”。而在学习空间的日常生活中，权力多以符号化的形式呈现。符号能够赋予权力以合法性与权威性，使屈从者受到场域中制度形式、资本运作的支配而不自知，在学习者身上具体表现为工具性凸显与自我意义感的隐退、技术性凸显与师生伦理精神的隐退、专业性凸显与通识人文素养的隐退等。或由于学习任务及时间表等详细分工的需要、教育制度和行政管理的细化、数字技术的专门化等，学习者的身体在形象上被切割为各种碎片，从而成为适用于各种学习情境和实践活动的符号工具。

信息技术作为一种知识演化的背景，不仅改变着课程话语的输入方式，同时也改变着课程话语的输出方式。智慧学习空间不仅打破了传统物理学习空间的边界，促进了物理空间与虚拟空间的融合。同时，课程话语突破了以往单一的“黑板加粉笔”内容呈现方式，转向了丰富、多维的动画、音频、视频等。这些可视化符号表征将碎片化的知识进行选择与挖掘、组合与联通，使之融合为富有特定意义的信息模块，以促进知识形象、直观、生动、高效地传递、理解、内化与迁移。内容与形式的丰富，在提高学生学习效率、拓展学习者学习途径和场域的同时，让学习者产生较高的认知负荷和信息加工任务，并使知识在符号表征的过程中失去了情感的价值和意义的生成。

从根本上看，学习空间借助特定的知识与符号等构建了自身独特的意义存在，且通过意义的获致来影响学习者的成长发展。依据哲学的思考，意义的生发与人的存在是无法分离的，它体现在人的知与行当中，并由此

① 亨利·列斐伏尔.空间的生产[M].北京：商务印书馆，2022：215.

② 让·鲍德里亚.物体系[M]林志明，译.上海：上海人民出版社，2018：25.

呈现为价值与事实等不同方面的意义问题。身体符号化却使人成为表征的工具，从而阻断意义的生成。

第三，关系伦理物化。

空间创造环境，环境组织我们的生活、行为和相互关系①。社会关系作为具体的抽象物，除了在空间之中并通过空间之外，没有任何真实的存在，它们的基础是空间性的。在学习空间中则表现教育关系。教育现代化追求方法模式和媒体技术等各种手段要素的教育有效性②，造成关系性社会形态的学习空间关系伦理范畴中主体权利维度之物化的表征。如课程目标上的功利主义与目的善缺失、教育评价上的优绩主义与学术疏离、学习方式上的竞争主义与关系冷漠等，伦理在科学、技术、理性上的光环被遮蔽。学习空间中的各种关系，如物—物关系、物—人关系、人—人关系，完全为提高效率、达到标准和获得功绩而服务。为了使得学习更具科学性，教育关系被物化为统一的、看得见的数据。在以数据和技术衡量的学习空间中，外界以及学习主体的社会关系都被量化了。教育关系在统计、规划、计算中被物化为取得良好效率或优秀绩效等教育成功的工具，以客观的关系流通替代主观的关系回应与情感需要，以片面的眼光看待教育关系中的主体，将人“技术化”和“商品化”。就这样，未看到人的全面发展与教育进步的统一性，造成权利分配在过程中背离伦理的主体性原则与生活的整体性。

数字技术的可测量和透明化导致教学更多关注看得见的方面，如教学方法的改进与教学内容的设计等，这也影响了学生的学习偏好。然而，对于学习活动而言最有价值的师生交往、互动、沟通等关系性构成以及学生自己学习行为的可能性的认识等不能够被学习者所明显意识到的默会之维的因素，却对学习者的学习起着重要的作用。对此，波兰尼的默会知识、布迪厄有关实践的逻辑分析都是很好的说明。

① 布莱恩·劳森.空间的语言[M].北京：中国建筑工业出版社，2003：8.

② 杨开城.论教育有效性研究的伦理风险[J].中国电化教育，2022(3)：1.

伦理是人与人的关系，但不是个别性的人与人之间的人际关系，而是个别性的人与实体性的“伦”间的人伦关系[①]。空间转向下伦理作为实现教育善的必要载体，教育伦理建设至关重要。伦理偏差的迭现，呼吁学习空间生产与主体权利分配的统一。数字技术推动了学习空间中课程知识的变革，促使课程话语的革新，使其具有“可视化”的符号表征、“多维化”的协同交互、“离身化”的意义生成等特征。但是在实践过程中课程话语却出现了符号表征的“非学生化”、对话交往的“无主体性”、意义表达的“工具性”等现象。鉴于此，需要基于学生认识规律，在“空间—教学设计”的视角下，从技术异化走向互动对话、从主客体二元对立走向主体间性、从离身到具身，设计高质量教与学赖以发生的高质量学习空间，促进课堂教学提质增效。

四、学习空间生产的伦理回归

伦理是现代学校教学空间和学习空间的根基，是围绕一定的价值原则进行的。现代教学空间中的“人”是以伦理关系存在的，师生教学交往的过程中展现出道德关系，流淌出道德情感[②]。教育是“教”与“学”相统一的过程，学习空间从学习者的视角出发，同样包含伦理关系。杜威说过，道德的目的应当普遍存在于一切教学之中，并在一切教学中居于主导地位——不论是什么问题的教学[③]。

学习空间生产过程中的权利伦理风险论证权力在不断对象化与具体化的过程中（空间分配、间隔、差距、序列、组合的机制）实现自我确证[④]，而学习空间的重构象征着权利正义的确立，这同样意味着学习空间的生产

① 樊浩.道德发展的“中国问题”与中国理论形态[J].天津社会科学,2011(5):19.

② 田春.现代教学空间的伦理关怀:问题与进路[J].现代教育科学,2023(1):106.

③ 杜威.学校与社会·明日之学校[M].北京:人民教育出版社,2004:136.

④ 米歇尔·福柯.规训与惩罚[M].刘北成,杨远婴,译.北京:生活·读书·新知三联书店,2019:179.

视角走向日常生活实践的转换以及主体性的全面发展的价值旨归，兼顾学习空间的可持续生产和人文价值的关怀。对于学习空间中权利正义的追寻，有利于实现人的自由发展，体现人的自由性、平等性、多元性、和谐性，具有独特的理论形态、实践行动和伦理价值。但现实是，学习空间的技术化、数字化和资本化造成主体性的遮蔽和伦理的失落。具体来看，这样的学习空间虽然并不像工厂空间那样具有清晰的物理界限，但它往往借助虚拟和现实交替的教学手段和智慧设备而渗透到社会生活的每一个毛孔之中，与每一个个体的生命都发生关联，隐蔽地引导着学习者的学习动机与志趣、观念、情绪、意志及知识的再生产。因为要通过学习空间生产，以权利正义实现知识教育的伦理回归。

首先，以“异质空间”保障权利生产正义。

空间看似给你提供多条选择的路径，实则对特定路径赋予特殊价值，如身体姿态的指向性、围墙的过滤、功能区的分割、门窗的单向监视、走廊的流通等。在一定程度上，空间的选择在“你”选择之前就已经存在了，就其属性而言没有完全中立或客观的空间。由于学习者的个体差异性，每一个学习空间必然有其特殊性。但是学习空间并非独立存在，它会受到周围其他学习空间的影响，甚至有可能被吸纳到它周边更成熟的异质空间当中去，从而形成一种有差异的、混合性的学习空间。这反映了学习空间之间的相互影响、作用和转化的事实，也是一个同化、顺应和平衡的过程。差异性的空间正在具体的学习空间中持续地展开，即每一种生产方式、每个学习个体都生产出自己的空间，应在开放性、差异化的第三空间中保障权利生产正义。

非中心化、差异化的学习空间在减少知识隐藏、促进知识共享的基础上，还有利于主流知识下的各类本土知识的发展和传播。第一，空间想象力与权利生产多元化。异质空间不仅是物理形态的空间，也不再是那个在工具理性和几何学思维支配下的客观空间，而是被学习者所真实体验的空间。它不是仅从实证的角度被体验，还在想象力中被体验。想象力的经验性、创造性和独特性，决定了空间的开放性、变革性和个性化，破除了空间层级固化、规训体系与排他思维，规避空间权利产生的垄断风险和黏性风险。第二，空间创造力与权利生产持续化。异质空间内部是一个运动着的、有许多交叉点的空间，它是具有创造力和创新性的，往往意味着新思想、新事物的产生与创造，实现权利生产的持续化。第三，空间理解力与权力生产他者化。人是一种社会性存在，自由本质上是一种“他我关系”。教育主体即师生应在空间互惠原则与平等条例的引导下，突破物质和精神、虚拟和现实、中心和边缘、科技和人性、差异化和同质化、主体与客体等二元对立，在他者化、开放性的第三空间中形成平等交往的习惯，消除权利对立或权利过度私人化。

其次，以“身体主体”确立权利价值正义。

列斐伏尔提出，要认识和理解空间，首先要思考身体。身体不仅在空间中生产自己，同时也生产那一空间[①]。学生在学习空间中首先作为身体性存在，通过实践活动，以人为原点进行空间的建构和延伸。此外，从空间的视角看，伦理实践即伦理空间的生产和再生产过程，即伦理在纯粹观念形态与现实实践形态间相互建构的过程，因此伦理的空间实践包括理论和现实两个方面，身体将这两个方面连接。

教育研究视域下的知识观不应局限于知识本身的生产与传播，还应关注知识与教学各个环节的内在联系。传统的知识观往往会带来知识导向的教学评价问题，这一问题本质上还是对学习者的知识应用过程的无视。教育元宇宙去中心化的特点使得各个学习场域有较大的自由度，不仅能够建构出各类知识应用所需的仿真场景，而且学习者能够在学习知识中获得具身认知。在具身媒介时期，人主要是通过动作、表情、口语等身体语言传递信息，媒介以生物学意义上的身体即肉体的形式存在，个体即独立的媒介。而在无身体媒介时期，纸质出版物、广播、电视等新媒介形态，以视觉、听觉符号代替了身体语言，传播双方的身体无须在场便可以实现信息

① 亨利·列斐伏尔.空间的生产[M].北京:商务印书馆,2022:250.

传播。但是这并不是因为身体的“离场”或“无用”，而是因为学生的身体本质上是一种能动的结构，能够将具有主体意志以及思维的身体动作、身体本身融入学习空间的学习过程。它既表达了学生内在的主体愿望，又反映出与之相融的具体的空间感，还是评判学习空间身体合乎伦理的内在依据。

身体作为主体，应当承担身份伦理责任，规避上述权利价值风险。身份伦理责任的实际承担者是身体而非肉体，肉体是一种物质和生理上的概念，而身体具有精神、心灵、情意和意志，是生理与心理相容与融构而成的共同体。也就是说，身体是关涉伦理的、存在一定秩序的一种聚合体。科技手段丰富我们的存在方式，也在一定程度上消解身体间性，把身体物化成学习交往的结构材料或符号，这意味着身份象征的交换与个体主体性的消亡。因而应在永续发展的后人类伦理框架下，进行“个体—身体—主体”三位一体的思考，以个体身体自主确立权利价值自主。个体是一个自主决定其行为性质与行为规则的学习主体。但在工具主义的思维方式等的统摄下，身体的能动属性被忽视。因而要将身体从他者的依附中解放出来，实现身体自我意识的觉醒，实现个体身体自主。

最后，以“流变共生”促进权利分配正义。

空间生产具有权利黏性，需要把握空间的弹性以保持空间权利的流动①，以权利流动维系权利分配正义。空间是交流的最基本和普遍形式的本质所在②，学校学习空间中交流普遍存在，交流意味着关系的产生，以教育关系的流动作为空间权利变迁更新的动力和公平分配的手段，在自由弹性的学习空间实现权利分配正义。

从权利生成与实现的结构来看，学校是一种社会性、关系性存在。因此应以学校作为伦理实体，在师生、生生之间建立良好的人际关系，从团队伦理共同体的视角落实教育责任。以学生成长为共同的趋向目标，在耦

---

① 陈忠.空间生产的权利黏性及其综合调适[J].哲学研究，2018(10)：35-42.

② 布莱恩·劳森.空间的语言[M].北京：中国建筑工业出版社，2003：8.

合联动的学习空间中实现权利分配的目标正义，实现空间联通。空间联通的范围包括实体与实体、实体与虚拟和虚拟与虚拟等不同类型学习空间的联通，它为学校间的协调配合、资源共建共享等提供了条件与机会。这是一个长期协同的过程，在建设过程中需要教育专家、教育行政管理者、教师、学生、企业等多方用户和管理者的助力，并合理利用和发展现有和潜在的学习资源和技术，对其进行分层、归类，以实现结构化整合与存储，逐步形成集多人智慧于一身的资源智库。

对于学习者来说，碎片化的知识是一种过于松散的组织结构，缺乏“整体的关切”。长期接收这样的知识可能会使学习者受困于无休止的事实和观点中，不仅使他们无法在知识学习的过程中更进一步，甚至会导致在感知觉、注意力、记忆力和思维的提升上产生障碍。对于知识本身来说，过于碎片化的生产和传播也是阻碍知识推陈出新和社会有序进步的一大障碍，无门槛的知识生产很有可能带来“知识膨胀”和“知识泡沫”。大量冗余、无意义的知识堆叠，只会导致虚假的知识繁荣，却无法生产出真正有价值的知识信息。

因此，学习空间要考虑空间的起源，尤其要考虑它们的相互联系和相互作用，以及它们与特定社会或生产方式中的空间实践的联系。利用影响空间生产的权力、资本、权利、技术四要素①，依托数字媒介促进空间增值与中心位移，发挥空间交互作用和空间溢出作用，在互构共生中使空间重构成为教育变革的新动能②。

此外，学校学习空间是区域和场所的集合体③，“区域”描述教育活动的主体在其生活空间中的定位，“场所”来整体地把握具体教育活动时空分布的系统结构。学习空间中应当科学规划功能区域，创设一个灵活、多

---

① 张爱军，刘仕金．空间生产与空间正义：元宇宙建构的空间政治学分析［J］．江淮论坛，2022(5)：62-73.

② 李宏亮．空间重构：学校教育变革的新动能［J］．教育理论与实践，2022(28)：14-19.

③ 项贤明．教育的场所：一种对教育现象时空特性的尝试性分析［J］．北京大学教育评论，2003(4)：84-89.

用途、多场景的物理空间。场所营造的实质是促使人们自主创造并参与公共空间，以及为之提供面对面交流的机会，一方面通过行动改善空间使用模式与社会状况，另一方面形成新的共同体对空间进行改造，以提升空间品质并激发空间活力，同时产生社交摩擦和丰富学习者的公共生活。与此同时，需要合理利用多样化学习技术工具，支持多终端接入，满足学习者个性化需求的虚拟信息空间，促进师生虚实无感知切换。教师还应当建构便于学生在空间中流动和交融的空间群、能让学生移动的空间连续体、满足学生个性需要的空间块。在传统教育中，教师、学生通过与书本联系认识世界，教师可以培养学生适应、融入和改造世界的能力。而新空间的出现大大提升了人类联通的能力、效率和范围，联通成为知识教育的主要途径，联通主义视域下，知识的流通既是学习的路径，也是最终目的①，知识经过个体创造、共同创造、分发、传播、个性化和实施的不断循环而流动。为了让知识保持连通和流动，要有一个连通化、流动性的学习空间，使知识与知识、知识与人、人与人之间实现共建、共享乃至共生。

当前的学习空间以数字技术为基础被生产和建构起来，在一定程度上造成空间中的伦理失落。实际上，数字技术是具有能动性的。能动性不限于人类主体，不限于有机体，也不限于意识条件和自由意志条件，物、人工物也具有能动性。它指的是事物与其他事物发生作用的主体动能，是构成存在活力、自主性、行动的必要条件。因此需要对数字化教育技术进行价值治理，使智能化的数字化教育技术符合教育价值、教育目的和学习者的学习规律等，以便能够实施教育性行动。技术和学习者不是一种剥夺、利用、主宰或异化的对立关系或主客体关系，而是一种和谐共生的“共在”关系。在教育与技术的共在互动中，形成技术与教育良好的双向治理关系，使世界、人类、自然、技术更好地发展。

① 赵雪芹.知识聚合与服务研究现状及未来研究建议[J].情报理论与实践,2015(2):132.

第三节　打造生活实体：班级共同体的伦理理解

知识教育需要依托一定的教育空间，但空间不仅仅是物质的、技术的和权利的，归根结底是生活的，而这个构成知识教育生活空间的实体便是班级。自17世纪夸美纽斯第一次系统地提出班级理论以来，班级便成为现代学校教育的基本单位，班级授课制也成为最重要的授课形式。无论是对学生、教师，还是对家长，班级都有特殊的意义。对学生来说，班级是其生命展开的重要场所；对教师而言，班级是自我价值实现的实体性学习空间；对家长而言，班级成为认识学校和家校联系的窗口。相比于学校，班级更是教师和学生心灵的居留地，是师生内心深处的空间归属和精神依恋。因此，被分到什么样的班级便成为教师、学生和家长最为关切的问题，教师希望分到更好的学生，学生也希望分到更好的教师。

班级究竟是什么？一般认为，班级是学校的基本教学单位，是微型的社会组织，班级是年龄、文化程度大体相同的个体组成的集体等。基于这样的理解，我们更倾向于对班级进行社会学的分析。随着政治哲学在哲学领域的复兴，以及教育整体性的公平困境，班级成为教育正义研究的重要内容，于是对班级进行政治哲学的审视成为20世纪90年代末尤其是21世纪以来重要的研究视角。然而，无论是社会学的视角还是政治哲学的理解，都存在着难以克服的问题，而班级的伦理理解使班级成为一个致力于个体伦理解放、提升个体伦理教养的伦理实体，并通过精神的引领使班级成为知识教育价值回归的教育生活共同体。

一、群体：社会学视角下的班级

社会学的视角是群体的视角，班级就是由学生和教师为了完成一定的教育任务和学习任务而专门建构起来的群体，并通过制度化的角色结构对个体进行行为规范，其中“班”表示一群人，“级”表示学生的发展程度。班级就是在教室这一物理空间中围绕教学和学习展开功能化活动，师生、教室和教学（学习）构成了班级的核心要素。

尽管教育社会学的研究者对此存在着不同的理解，如社会关系说、群体关系说、社会化过程说等，但无一不是指向群体的研究。这种群体特征，使其将研究内容定位在教育分层、社会流动、教育角色、社会身份等。班级相应要么被视为社会系统，要么被视为群体组织，要么被视为特殊的集体，无论哪种观点，都是目标驱动和功能导向的。

群体由拥有某种共同特征的个体为了共同的目标联合而成，其意义在于能够更为有效地促进个体的社会化，从而完成自然人向社会人的转变；同时，群体能够为个体提供情感的依恋，满足了个体归属的心理需要。但在教育社会学的眼中是没有“单纯”的个体的，它所指的个体是拥有群体特征的、被群体化了的个体，个体永远只是群体的因子，教师和学生被身份化和角色化，他们代表角色所赋予的群体形象。当我们将班级视为一个社会性的群体时，个体便会在群体心理的影响下遵循着集体行动的逻辑。

班级作为群体，它不是随机的、非正式的群体，而是通过共同的任务（学习）和一系列的制度组成的集体。集体总是由目标导向的，在有些情况下，任务完成也就意味着集体的解散。社会学专注于事实的揭示和说明，认为在研究事物时，应该摆脱个人成见的束缚，原原本本地认识事物，进行完全客观的分析。社会学视角下的班级研究，不关注从生活的观点来审视班级生活和成员之间的伦理关系，而是更多地从功能、任务、目标的视角来审视班级，班级需要的是制度、组织和管理。如此一来，班级就很难为困惑的学生和教师做出价值的选择和精神的引领。

二、个体：班级的政治哲学思考

与社会学对班级采取群体或集体的视角相反，政治哲学的视角下的班级完全是个体化的。在斯特劳斯那里，政治哲学就是关于正当或正义的知识，而且这种知识不是中立的，而是依据一定的价值标准，或者说善恶标准作出判断的，并因而要求人遵从。正义即按照一定的规则对权利和善进行一种正当的分配，因此，权利与善的关系问题是政治哲学的核心问题，在权利与善上的不同态度成为不同政治哲学流派之间区分与对立的根源，罗尔斯、诺奇克等自由主义者坚持权利对善的优先性，而桑德尔、查尔斯·泰勒等社群主义者认为，善优先于权利。但无论哪一派别，都不会为权利而放弃善，或为了善而放弃权利，权利与善既是不同派别相互区分的标志，又是它们作为政治哲学研究的共同本质。

对“善”的重视，使政治哲学视野下的班级研究不再是社会学式的价值中立，而是始终包含着行动的价值判断。班级的政治哲学视角摈弃了社会视角的道德迟钝，在这里价值与道德不仅不是多余的，而且是必然的和必需的，因为即便试图保持价值中立，但价值之于班级生活总是在所难免[①]，而且只有借助于价值，班级生活才会被赋予必要的意义。另外，政治哲学对“权利”的重视使班级研究不同于群体和集体的观点，集体之于个体总是意味着一种无意识的强制力量，它湮没个体的个性和独立性，而班级研究中对政治哲学的引入，使个体在班级中的地位开始得到重视，个体不再是构成群体的一个因子，而是一个权利的主体，不再是集体行动的跟随者，而是一个自由的意志。

① 施特劳斯.什么是政治哲学[M].李世祥，译.北京：华夏出版社，2011：13.

社会学视野下的班级是一个以学习为任务的集体，其目标在于实现班级利益的最大化。这种利益，一方面体现为学习成绩的最优化，另一方面体现为追求班级荣誉的最高化。无论哪种情况，个体都要为实现集体目标而努力。但现在，学生不再仅仅作为构成集体的元素，而是具有在任何情况下都不应该被剥夺或被侵犯的权利的主体，这种权利既是“我”作为人的自然权利，又是“我”作为国家公民的社会权利和政治权利，同时还是“我”作为学生和班级成员所具有的教育权利。对个体而言，拥有这样的权利，“我”会被视为国家、社会、学校和班级的一员。在所有类型的权利中，作为班级成员的权利是与自我联系最密切也最根本的权利，只有拥有这一权利，“我”才真正地被赋予班级成员的资格，才能够将自身视为同他人一样的存在，从而获得一种起码的自尊观念，并在他人对“我”的成员资格的承认中，获得一种尊严的体验。

权利就内容来说范围甚广，但核心的权利是自由的权利，只有拥有自由的权利，学生才能真正成为班级中学习的主体。自由要么意味着不被阻碍地行动①，要么意味着意志的自我决定。前者是一种消极自由，后者是一种积极自由。

消极自由就是个体拥有不受干预、不受侵犯并得到保护的权利。只要“我”的行为不对他人的权利构成侵犯，一切有着自我特性的生活目标都应该尽可能地得到实现，因此，消极自由确保了主体拥有一个受到保护的自由空间，在其中他可以不受制约地追求自己的愿望或偏好。但消极自由完全致力于个体的外在解放，将自我作为自由的唯一参照点，忽视了自由的内在向度。自由不仅意味着不受阻挠地追求自我利益，同时意味着能够按自己的意志来决定自己的事情②。积极自由是对个体单纯欲望的抵制，只有嗜欲的冲动便是奴隶状态，而唯有服从人们自己为自己所规定的法

① 以赛亚·伯林．自由论［M］．胡传胜，译．南京：译林出版社，2011：170．

② 霍耐特．自由的权利［M］．王旭，译．北京：社会科学文献出版社，2013：48．

律，才是自由[①]。只有同时拥有两种不同的自由，个体在班级中的权利才会获得真正的保障，它们共同使个体成为拥有自主意志的尊严主体，人本身而非集体成为班级的目的，同时自我因为拥有消极权利而使自我能够在班级公共生活中保留自我的私人空间，并能够在班级共同目标之下追求个体的自我发展。

因此，政治哲学的视角明确了权利与自由概念在班级中的价值，从而在根本上确保了个体在班级中的地位，避免了集体对个体的湮没。同时，由于对个体、权利、自由等的过分强调，使政治哲学视域下的班级很容易导向极端个人主义和伦理利己主义，从而引发道德和价值上的个人主义，最终完全取消公共性的善观念，并使公共伦理变得不再可能，相反，个体性的道德取代普遍性的伦理，成为班级生活秩序的规范力量。

三、实体：班级的伦理学理解

社会学的视角因为群体的观点和价值无涉的立场使其最终导向班级生活的管理主义倾向，本质上是用治理代替生活，有了系统的“功能”，却少了伦理的“温馨”；有了共同的利益，却放弃了精神的引领。政治哲学的视角虽然通过引入价值判断、重视个人权利矫正了社会学理解的局限，但通过否定班级的集体属性而无限放大个人的意义，最终导向教育生活的自我关注。无论是社会学的解释，还是政治哲学的理解，都无法把握“班级”的真实属性。

班级既不是完全孤立化的个体，也不是没有个体的抽象集体，而是兼具个体性与整体性、特殊性与普遍性的伦理的实体。班级是自我在学校中存在的物理空间，同时是自我在学校生活中的心灵栖息地。班级的伦理视角是一种生活的观点，因为生活，所追求的是伦理上的“在一起”；同时它还是实体的观点，因为实体，彼此之间不是相互孤立地存在，而是共同

① 卢梭.社会契约论[M].3版.何兆武，译.北京：商务印书馆，2003：26.

存在，并通过精神来维系相互之间的内在统一性。伦理视角中的精神不是社会学视角下的功能和目标，它不是为了完成特定任务、实现特殊功能而临时组建起来的个体的麇集，而是为了精神和教养而进行的伦理的联合。

但班级作为伦理的存在，并非一开始就形成了不同个体在伦理上的相依。在班级的形成阶段，不同个体只是一群互不相识的陌生个体，只是为了接受教育而偶然地放在一起的群体，彼此之间没有任何伦理的关联，个体都是独立的存在，他们是权利的主体、意志的主体，每个人心中或多或少都对自我在班级中的前景进行过想象，同时对未来的生活进行过规划。但在这一阶段，个体还停留在自我意识当中，他人还没有进入自我的世界。政治哲学的视角很大程度上只是将自身限制在这一阶段，并将其视为班级的常态，个体的自主化和关系的契约化是其基本的特征。

但班级的存在形式不会就此止步，很快，班主任确定，各科的任课教师安排就位，每一位教师开始授课，班主任开始进行日常的班级管理。此时这个被偶然放在一起而形成的群体，有了共同的行为规范、共同的学习任务、共同的活动空间，群体因此成为集体。集体之为集体，就在于它是为了共同目标和任务而形成的个体联合，此时这个集体是一个功能性的共同体。社会学视野下的班级往往停留于班级的集体阶段。

现在，个体之间不仅有了基于权利和自由的契约关系，还形成了个体与集体之间的依附关系。同时，在学习过程中和学习之余的生活和活动中，发展出同桌关系、伙伴关系、友谊关系等伦理形式。师生关系在一开始只是角色化的和功能化的，现在经过一段时间的相处和了解，开始进入彼此的内心，情感开始参与其中。原来的任务、合作等关系开始向伦理关系转化，这种关系超越了权威、规范等通过外在力量达成的关系，不再是自然或偶然的人际关系，而是在相处和融合之后形成的不同主体之间认为“应该如此”对待的特殊关系，是自觉意识和主观意志参与其中的关系，这种关系便是伦理关系。因此班级伦理关系的形成并非如人与自然的关系那样自发形成，也不是父子、母子关系那样自然形成，而是作为主体自主而自觉地形成，只有人意识到自己的主体性并成为主体，才能真正形成人类社会的伦理关系[①]。

那么，由完全不同的学生和完全不同的教师所组成各个不同的班级，是否存在伦理的公度性？或者说，被称为“班级”的东西，是否存在一种或形式或精神的先验规定？其实，无论“这个”班级是否形成，“班级”的理念已经先验存在，这是班级的普遍性，是班级的必然性规范。“班级”有大致相同的构成要素，如教师、学生、任务以及相应的物理条件，同时有类似的价值追求，如为了学生的精神解放、提升学生的伦理教养。正是班级的这种伦理属性和精神品质，使其超越班级的个体理解和群体理解，而成为一个伦理的实体。每一种伦理关系虽然是个体之间的特殊联结，但这种特殊的伦理关系必须遵循班级内在具有的伦理规范，它是特殊性与普遍性的统一。

当班级群体中不同个体之间形成特定的伦理关系，并在日常的教学、学习和业余生活中实现伦理上的互动时，由伦理主体所构成的伦理关系便构成了社会的伦理实体。班级因此通过伦理关系而达成伦理秩序。伦理秩序就是按照某种伦理原则所建立的伦理关系的网络。伦理秩序的建立，意味着班级伦理实体的形成[②]。班级伦理实体就是由教师、学生之间的伦理关系和伦理秩序构成的实体。伦理实体就是由伦理原则、伦理原理等构成的精神实体，也就是说，真正决定班级生活的是精神。精神的本性是自由，而自由的本性是解放：一方面把自我从外部的控制中解放出来，另一方面把自我从情感的直接性和任意性中解放出来[③]。精神使班级实体成为一个真正统一的实体，并在精神外化的过程中呈现出班级的伦理生活。这一伦理生活的现实表征是班级成员之间的互动关系，但这种互动关系所遵

① 宋希仁.论伦理关系[J].中国人民大学学报,2000(3):58.

② 樊浩.人伦传统与伦理实体的建构[J].中国人民大学学报,1996(3):37-44,126.

③ 樊浩.“实践理性”与“伦理精神”:基于黑格尔道德形而上学理论资源的研究[J].哲学研究,2005(4):104-110.

循的伦理原则并非个体完全主观的道德意志，而是客观存在的班级整体性的伦理规范，也就是说表面的个体之间的“人际”关系，实际上是个体与班级实体之间的“人”“伦”关系，个人行动所遵循的是班级实体的人伦原理。但这种人伦原理已经通过教育和教化而内化为自我的道德意识，它作为发自个体的内在的德性而呈现于自我与他人的关系当中，从而伦理获得现实的道德形式。伦理既不是基于实践理性的道德个体，又不是追求无差别的统一的集体，而是个体与实体的精神统一。

班级的伦理，可以理解是生活的观点，它体现为不同个体按照一定的实体规范所达成的互动性伦理关系。伦理的观点是一种实体的观点，它是个体基于共享性的善达成的有机联合，既不会否定个体的主体性，又不会导致整体的绝对化；伦理的观点也是一种精神的观点，通过个体与实体之间的人伦关系，实现精神在个体与实体之间的统一，这种精神是所有参与的人共同分享的，同时在对精神的追求和分享中形成彼此之间的友爱和团结。

本章小结

超越优绩主义，重构学习空间，打造班级生活实体，可促使知识教育的伦理回归。班级是由学生和教师组成的知识教学基本单位。班级的社会学视角以群体的眼光审视班级，本质上是用组织化的治理代替生活。班级的政治哲学理解通过引入价值判断、重视个人权利，矫正了社会学理解的局限，但通过否定班级的集体属性而无限放大个人的意义，最终导向教育生活的自我关注。

班级的伦理观点是生活的观点、实体的观点、精神的观点，可以通过个体与实体之间的人伦关系实现精神在个体与实体之间的统一。如此，知识教育就不仅仅具备功能性，还具备精神性甚至伦理性。

主要参考文献

[1]北京大学哲学系美学教研室.西方美学家论美和美感[M].北京:商务印书馆,1980.

[2]柴楠.面向他者的教学交往[M].北京:人民出版社,2017.

[3]杜智敏,樊文强.SPSS在社会调查中的应用[M].北京:电子工业出版社,2015.

[4]樊浩.伦理道德的精神哲学形态[M].北京:中国社会科学出版社,2017.

[5]冯建军.生命与教育[M].北京:教育科学出版社,2004.

[6]顾志跃.科学教育概论[M].北京:科学出版社,1999.

[7]黄永新.科学发展观与中国教育改革[M].福州:福建教育出版社,2005.

[8]金生鈜.规训与教化[M].北京:教育科学出版社,2004.

[9]吕寿伟.从排斥到承认:通往有尊严的教育伦理生活[M].北京:教育科学出版社,2015.

[10]任政.空间正义论:正义的重构与空间生产的批判[M].上海:上海社会科学院出版社,2018.

[11]叶澜."新基础教育"论:关于当代中国学校变革的探究与认识[M].北京:教育科学出版社,2006.

[12]钟启泉.课堂研究[M].上海:华东师范大学出版社,2016.

[13]周浩波.教育哲学[M].北京:人民出版社,2000.

后 记

我于2006年在西北师范大学教育学院跟随王鉴教授攻读课程与教学论专业硕士学位，2010年在湖南师范大学跟随刘要悟教授攻读课程与教学论博士学位。两位导师都师承李秉德先生，于是，我身上不自觉地承袭了西北师范大学教学论研究的理论风格，多年来坚持对教学问题进行理论的和哲学的思考。

在学习初，我便了解到“教学七要素说”，其中的“教师”“学生”和“知识”可以说是构成复杂教学现象的“铁三角”，教学的重要论题都和它们有或宏观或微妙的联系。我的第一部专著《面向他者的教学交往》就主要关注了教师与学生的交往，这种围绕知识的交往是教师与学生相互承担“为他者”的伦理责任而发生的他者性教学交往。那么，作为重要存在的“知识”本身是否也可以从伦理的视角进行解读？“知识”在达成教育目的的过程中发挥怎样的实然作用、应然作用呢？2019年我以“知识教育的伦理风险研究”为题，申报国家社科基金（教育学）青年项目，成功获批（项目批准号：CAA190241），摆在面前的这本《知识教育的伦理守望》便是其结题成果。

本书是对现代知识教育面临的问题进行的伦理反思。知识教育内在地具有自身的伦理品格，现代知识教育的根本问题，不在于方法、不在于过程，而在于教育过程中对伦理的“遗忘”，甚至在于价值取向上对教育伦理属性的“背弃”和“伤害”。对知识教育的研究直指现代学校教育知识化、知识教育功利化倾向，力图揭示这种教育所带来的重大伦理问题，以及对个体、对教育、对国家可能带来的严重的伦理风险，并以价值引领的方式完成对问题的逐步矫正。

扬州大学吕寿伟教授，以及我的学生刘琳、熊健、包兴婷、刘钦、侯永丽、柯毅婷、杨欢，参与了本课题的研究工作，同时在本书稿的写作、校对特别是文献查证、数据整理等过程中做了大量的工作。在此，对所有在本书形成过程中给予帮助的老师和同学致以最诚挚的谢意。

本书的出版得到了安徽师范大学出版社的鼎力支持，责任编辑和责任校对对书稿进行了认真细致的审读和修改工作，特此致谢。本书虽经多次修改，反复打磨，但不足之处仍在所难免，敬请各位读者批评指正。

柴 楠

2025年5月2日